SOCHI 2014™

THE OLYMPIC GAMES THROUGH THE LENS OF
JOHN HUET AND DAVID BURNETT

LES JEUX OLYMPIQUES À TRAVERS L'OBJECTIF DE
JOHN HUET ET DAVID BURNETT

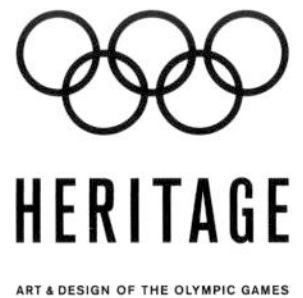

HERITAGE

ART & DESIGN OF THE OLYMPIC GAMES

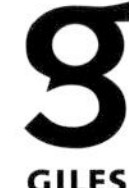

GILES

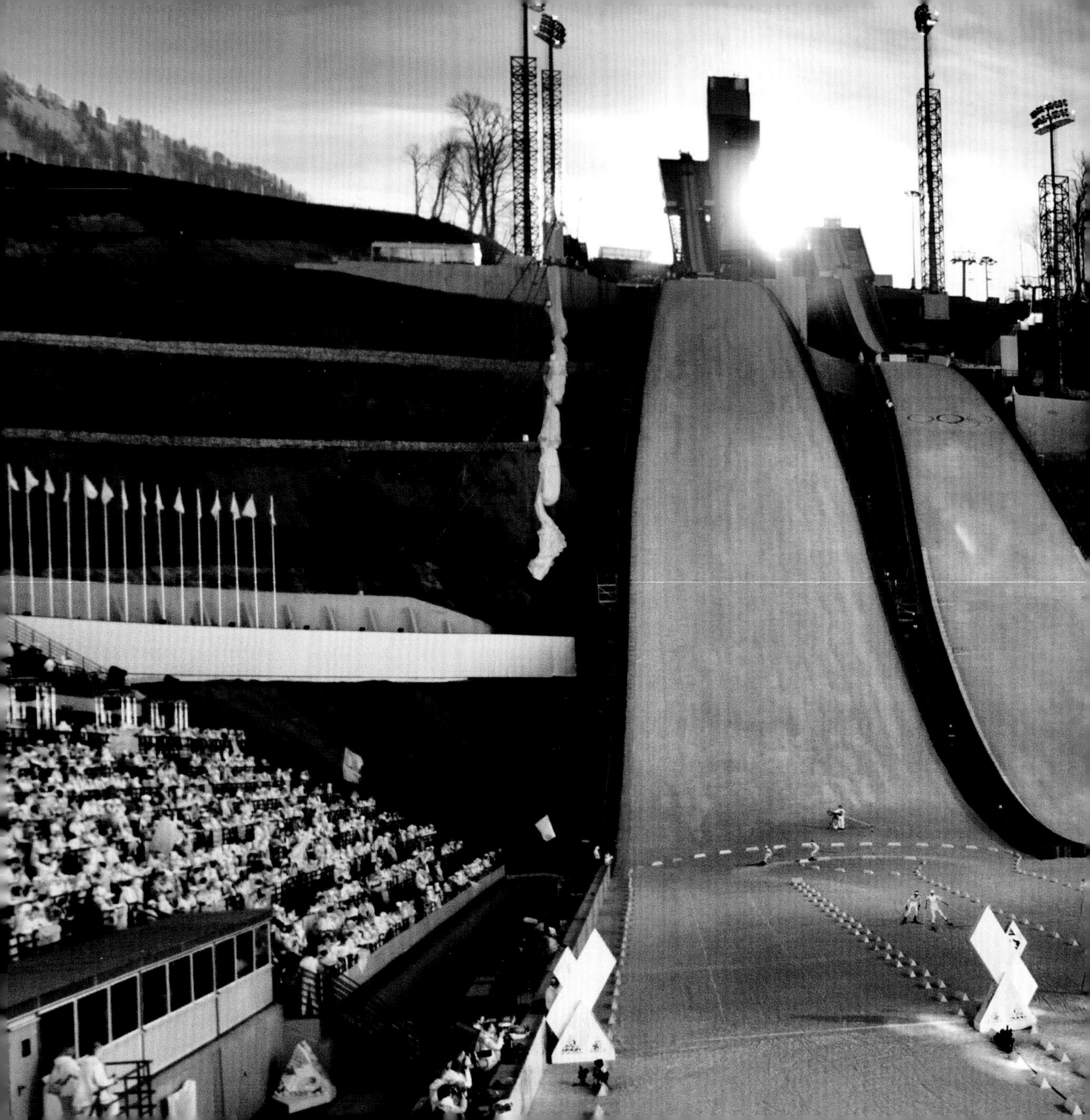

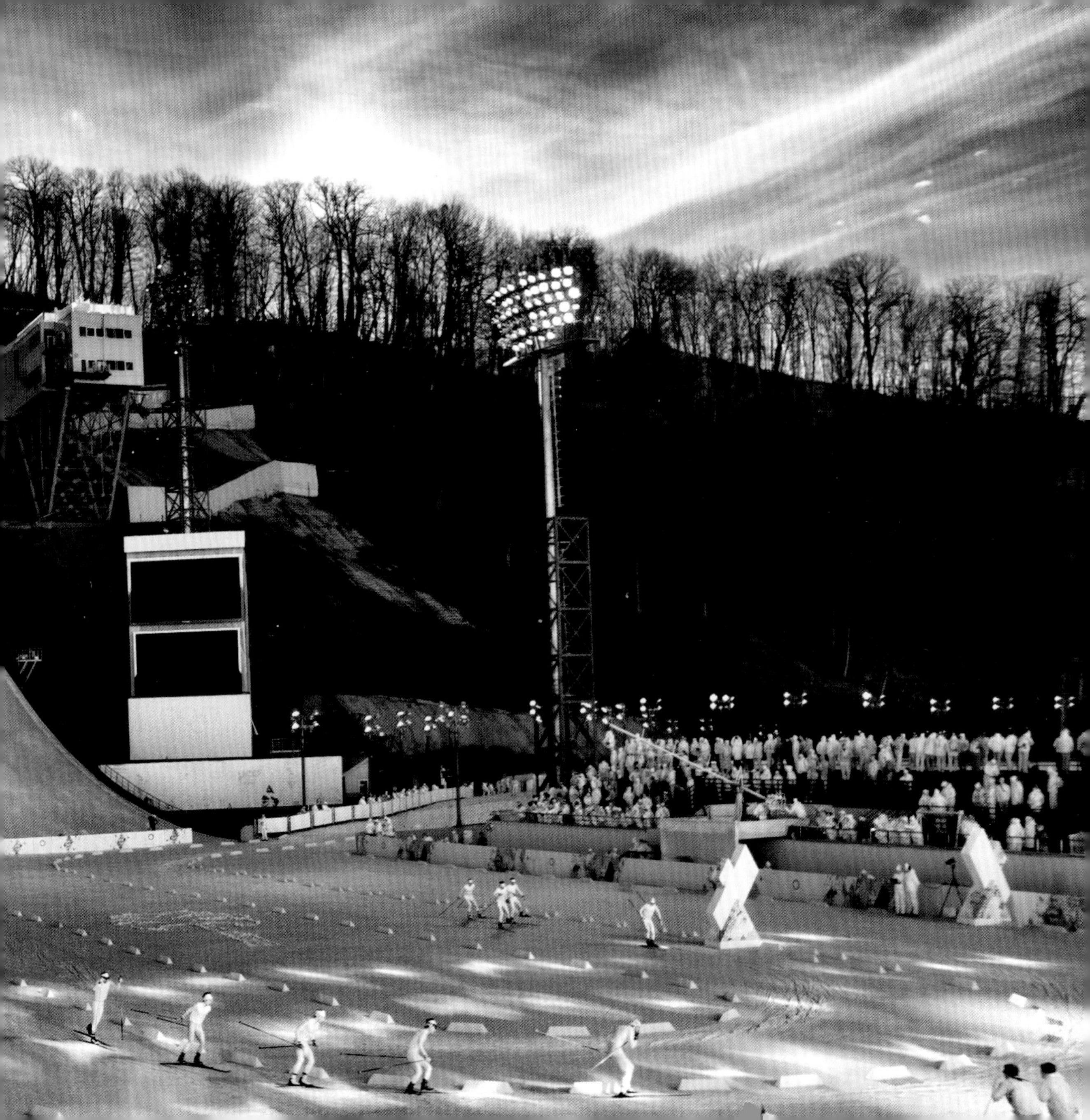

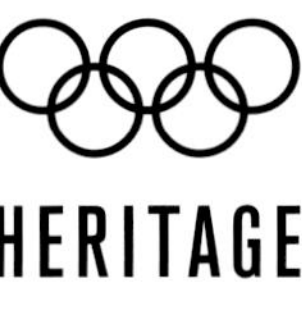
HERITAGE
ART & DESIGN OF THE OLYMPIC GAMES

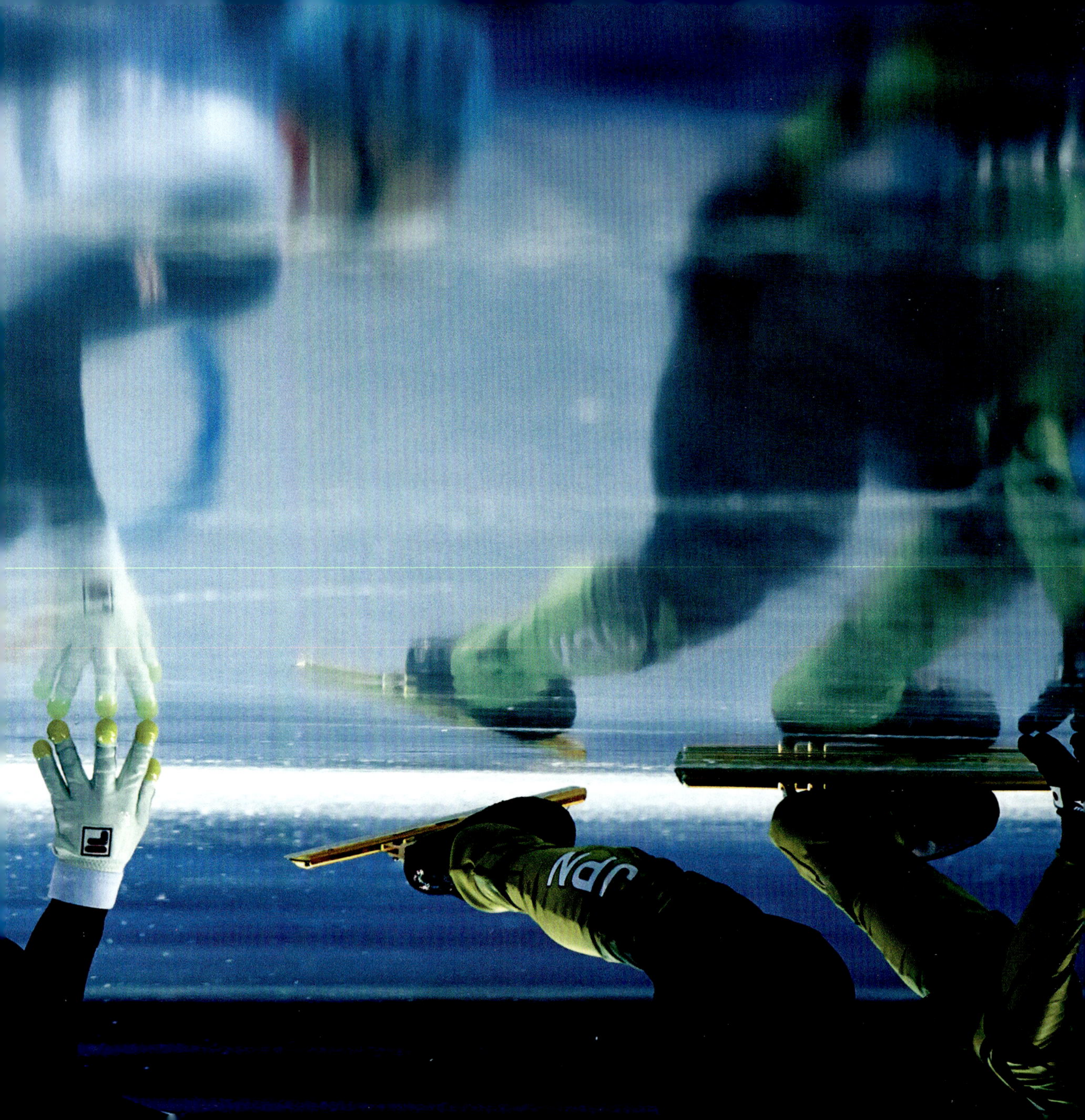

Introduction

An edition of the Olympic Games generates millions of images. Focusing on the XXII Olympic Winter Games in Sochi in 2014, this publication offers a selection of photographs of a particular kind.

American photographers John Huet and David Burnett were commissioned by the International Olympic Committee (IOC) to cover the Winter Games in their own way, with considerable artistic and technical freedom. The two photographers were already familiar with these four-yearly occasions, having attended 17 editions of the Games between them. For this project, they used their experience and talent to express a particular aspect of the Olympic spirit, one that is not limited to the joy of the winners.

"It wasn't so important for us to shoot the person who got the gold medal so much as the person who came in last, or just images that conveyed the emotions you might have experienced had you been there, thus distancing ourselves from mere straight-up journalistic sports photography." JH

"We were given tremendous creative freedom. The beauty of the Olympics is that you can create a great image from some of the more intimate or poignant moments of the Games." DB

David and John brilliantly captured the very essence of the Games by focusing, for example, on unusual aspects of a performance: those moments

Une édition des Jeux Olympiques donne lieu à des millions d'images. Axé sur les XXIIes Jeux Olympiques d'hiver de 2014 à Sotchi, le présent ouvrage propose une sélection de photographies d'un genre particulier.

Les photographes américains John Huet et David Burnett ont été mandatés par le Comité International Olympique (CIO) pour couvrir ces Jeux d'hiver, à leur façon et avec beaucoup de liberté artistique et technique. Habitués des rendez-vous quadriennaux, les photographes ont participé à eux deux à 17 éditions des Jeux. Pour ce projet, ils ont su mettre leur expérience et leur talent au service de l'expression d'un certain esprit olympique, lequel ne se résume pas à la liesse des vainqueurs.

"Pour nous, le plus important n'était pas de prendre en photo la personne qui avait remporté la médaille d'or, mais plutôt celle qui était arrivée en dernière position ou des photos capables de susciter les mêmes émotions que celles que vous auriez pu ressentir si vous aviez été sur place, nous éloignant ainsi d'une photographie sportive dans le style journalistique le plus strict." JH

"On nous a laissé une formidable liberté artistique. Ce qu'il y a de bien avec les Jeux Olympiques, c'est que vous pouvez prendre en photo certains des moments les plus intimes ou les plus poignants des Jeux." DB

suspended in time when the result matters less than the demonstration of a pure quest for perfection. Only an excellent knowledge of sport and how it is played, but also of the Olympic Games themselves, enabled them to anticipate that fraction of a second when everything is at stake, and anything is still possible.

The two photographers highlighted other, unusual facets of the Games: a training session; the seconds before the competition begins; part of a hand on the ice; the expression on a face. They tell a story, spotlighting the very place that represents the climax of many years of preparation by athletes from all over the world.

"My goal is to capture moments in time, images that have a story behind them." JH

Witnesses to the Games, the two artists are also protagonists. In this book, David and John comment on some of their pictures: the context in which they took them, and what led them to do so. They explain how they prepared, or at other times improvised: quite simply the art of being in the right place at the right time, in order to immortalise movements, places or situations, whether at the finish line or behind the scenes…

"I spent long hours in the backstage areas. People gradually get used to you being there, and it's a whole other world that's off camera: that's really where so much of the energy and the stress and

David et John ont merveilleusement su saisir l'essence même des Jeux en captant par exemple les aspects insolites de la performance, ces moments suspendus dans le temps, où le résultat compte bien moins que la démonstration d'une pure recherche de perfection. Seule une excellente connaissance du sport et de sa pratique, mais aussi des Jeux Olympiques a permis d'anticiper la fraction de seconde où tout se joue, où tout est encore possible.

Les deux photographes ont mis en lumière d'autres facettes des Jeux, plus insolites : une séance d'entraînement, les secondes qui précèdent l'entrée en compétition, le détail d'une main sur la glace, l'expression d'un visage. Les photographies racontent une histoire, mettent en scène le décor bien spécifique dans lequel se joue l'aboutissement d'années de préparation d'athlètes du monde entier.

"Mon objectif est de capturer des moments suspendus dans le temps, des images qui racontent une histoire." JH

Témoins des Jeux, les deux artistes en sont aussi des acteurs. Dans cet ouvrage, David et John commentent certains de leurs clichés, le contexte dans lequel ils ont été pris, ce qui les a motivés. Ils expliquent leur préparation ou au contraire parfois leur improvisation : un art d'être présent au bon endroit ou au bon moment, tout simplement, pour immortaliser des

everything take place. Sometimes, athletes are concentrating so intensely that they don't even notice that you are there." **DB**

The photographers' words accompany our journey through their images, taking us into their respective worlds. In short, the artwork of Huet and Burnett is a contribution to our Olympic heritage. Their photos offer us an interpretation of the Games that reflects the greatness of the human adventure involved.

The project which the IOC put to the two photographers began in 2012 at the Summer Games in London, and their work at that time is the subject of another publication.

gestes, des lieux ou des situations, aussi bien sur la ligne d'arrivée que dans l'intimité des coulisses…

"J'ai passé de longues heures dans les coulisses. Les personnes s'habituent peu à peu à votre présence et c'est un tout autre monde qui s'ouvre à vous hors caméra, c'est là que se jouent toute l'énergie et le stress et en fait que tout a lieu. Parfois, les athlètes sont si concentrés qu'ils ne se rendent même pas compte que vous êtes là." **DB**

Les propos des photographes rythment la découverte des images et emmènent le lecteur dans leur univers respectif. Au final, le travail artistique de Huet et Burnett est une contribution au patrimoine olympique. Leurs photographies nous livrent une interprétation des Jeux dans laquelle se reflète une belle aventure humaine.

Le projet proposé par le CIO aux deux photographes a démarré en 2012 déjà à l'occasion des Jeux d'été de Londres et fait aussi l'objet d'une publication.

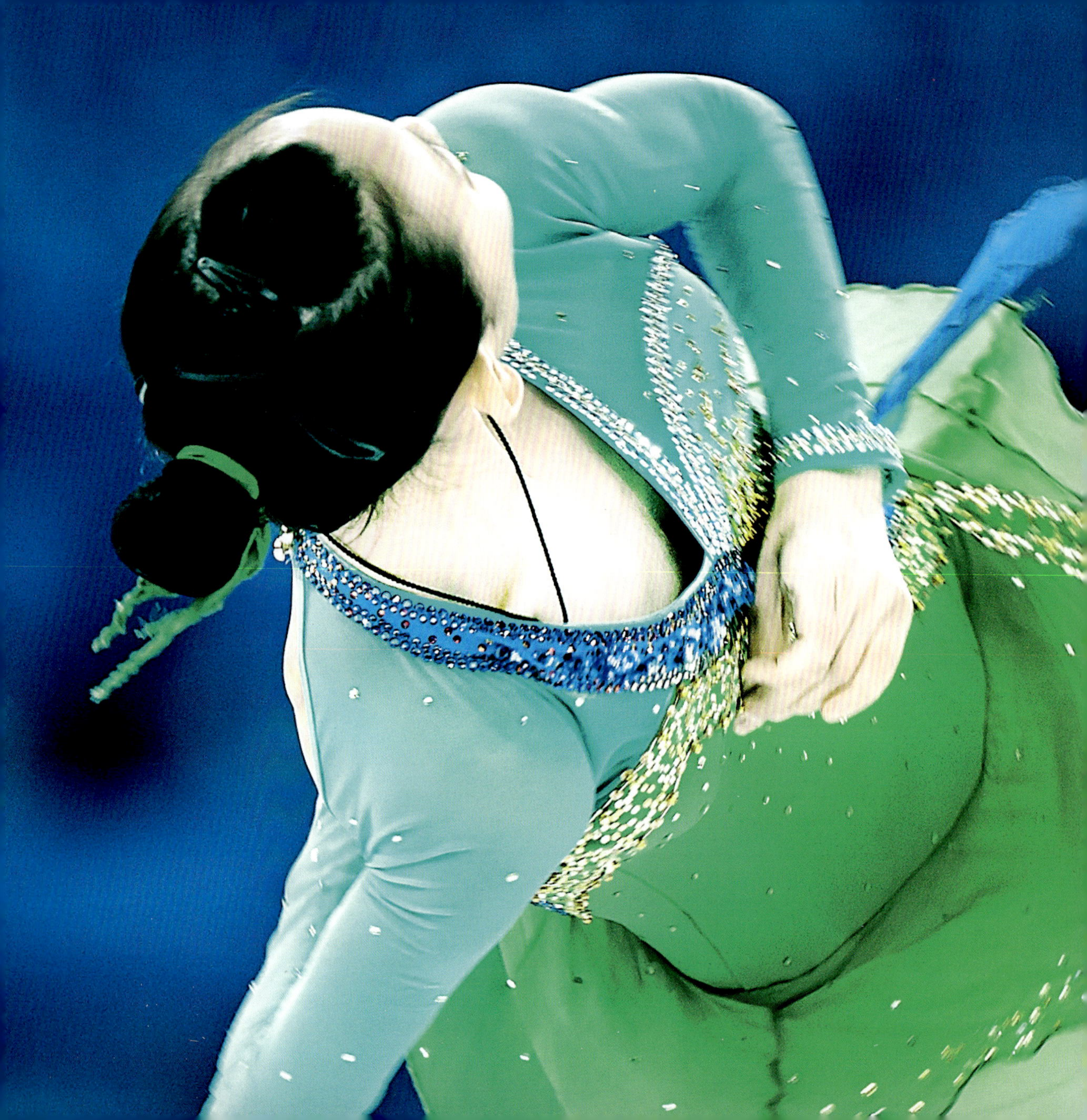

Photographs
Les Photos

Putting in the Work

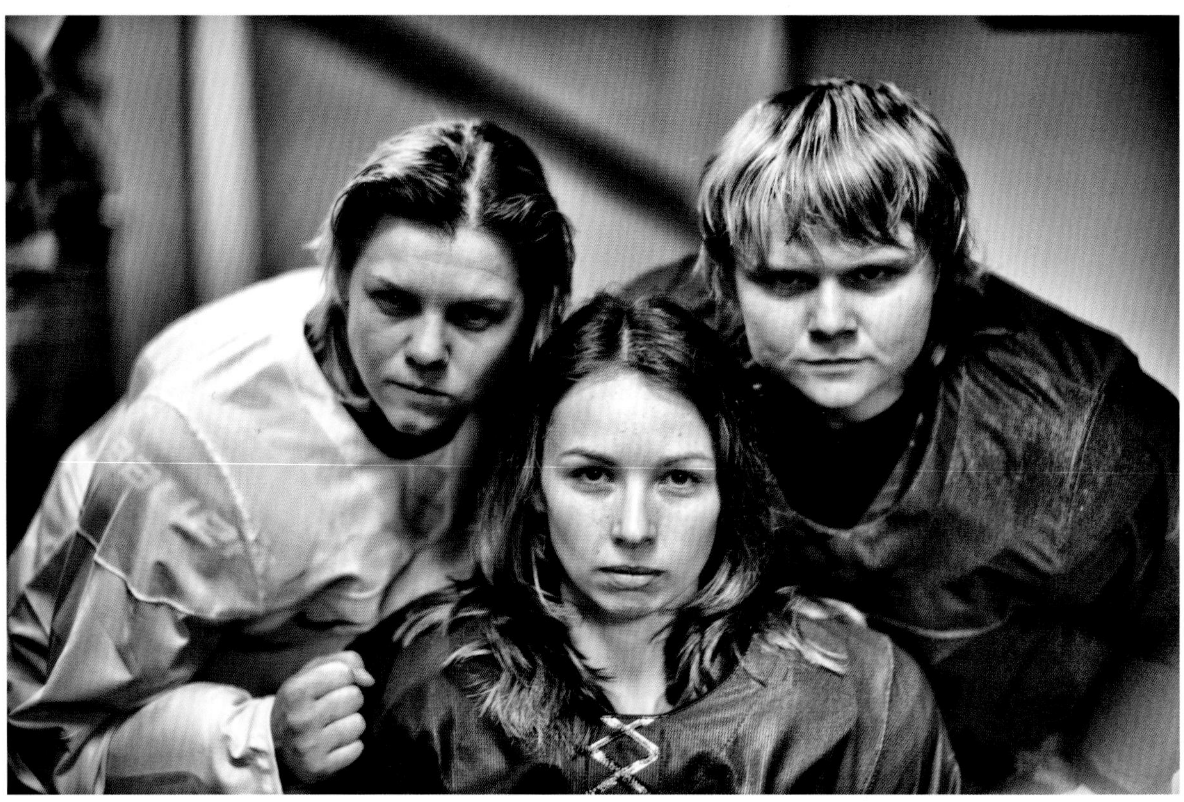

David Burnett

Members of the Russian women's
ice hockey team.

Pose des membres de l'équipe
féminine russe de hockey sur glace.

DAVID BURNETT

"I wanted to try and do these team pictures of the Russians. They couldn't have been any nicer. At the end, I got them just where I wanted them, which is at the end of a practice, so they're a little bit worn out and sweaty and ready to go inside and hop in the showers. But I did these little groups of them, three at a time, just in the hallway. None of them really spoke English and my Russian is pretty feeble. So much of what you do as a photographer, especially if you're somebody who travels to different countries, is learning how to communicate without words, especially as photography is a language that doesn't use words so much as it does actions or facial expressions. I think I probably just grabbed my fist and tried to look as tough as I could. They understood that what I was going for was not a glamour picture but a picture of heart and energy and desire."

"Je voulais prendre des photos des Russes en équipe. Elles n'auraient pas pu être plus sympathiques. Finalement, j'ai pu les prendre exactement comme je le voulais, c'est-à-dire à la fin de l'entraînement, de telle sorte qu'elles soient un peu fatiguées, la sueur au front et prêtes à sauter dans les douches. Je les ai alors réunies par petits groupes de trois, dans le couloir. Aucune d'entre elles ne parlait anglais et mon russe n'est pas très bon. Dans ces cas-là, il faut faire ce que doit faire un photographe, surtout lorsqu'il voyage à l'étranger. On apprend peu à peu à communiquer sans parler, d'autant plus que la photographie est une forme d'expression qui ne repose pas sur la parole, mais plutôt sur l'action ou les expressions du visage. Je crois que j'ai alors fait le poing dans la poche, en prenant l'air le plus dur possible. Elles ont alors immédiatement compris que ce que je cherchais à créer n'était pas une photo faite de chic et de charme, mais bien plutôt une photo qui venait des tripes, du cœur, faite d'énergie et de rage de vaincre."

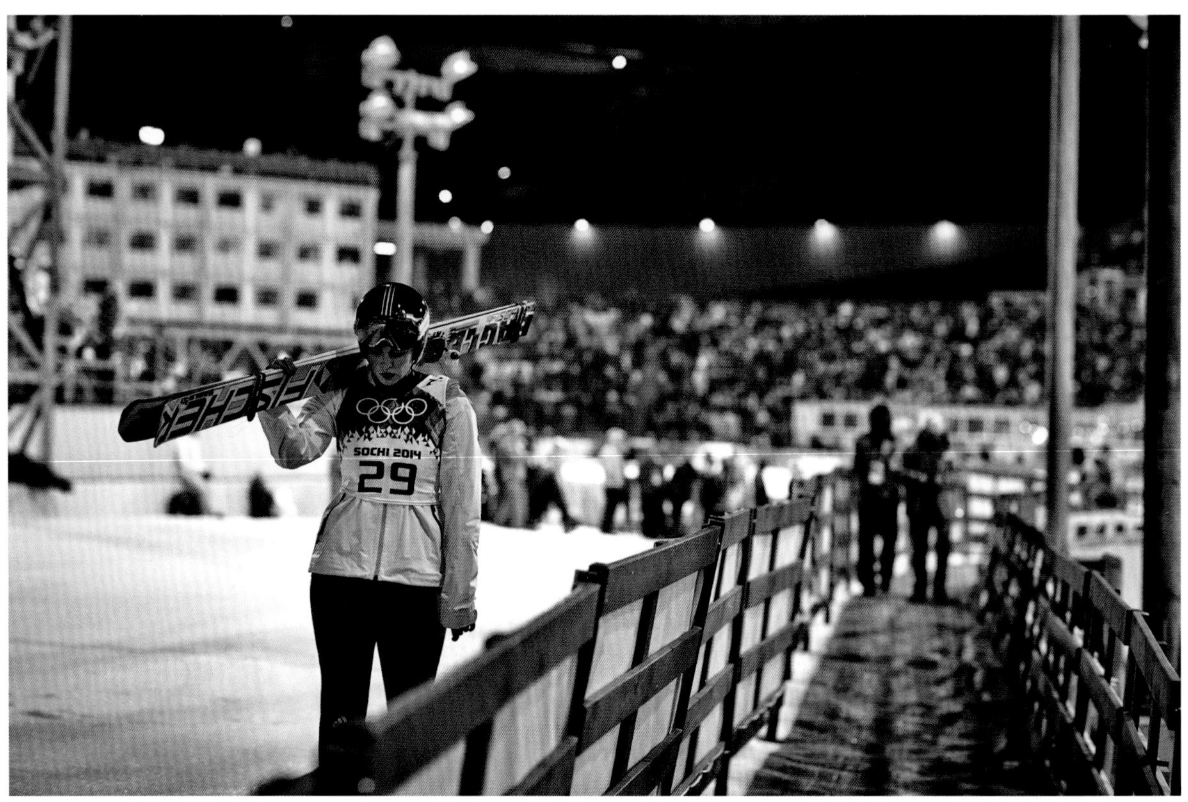

John Huet

Gold medallist Carina Vogt from Germany making her way back up to the top for her last jump. Women's ski jumping was included as an event for the first time at Sochi in 2014.

L'Allemande Carina Vogt, médaillée d'or, remontant au départ du tremplin pour son dernier saut. Le saut à ski féminin a fait son apparition aux Jeux de Sotchi en 2014.

JOHN HUET

"At the Games, I try whenever possible to find those moments when the athletes are truly alone with their thoughts, just before they compete. In these moments, you can almost see them thinking. This is the woman who went on to win the first gold medal in the women's ski jumping, on her way back up to the top for her last jump!"

"Aux Jeux, j'essaie autant que possible de montrer ces moments où l'athlète est seul avec ses pensées, juste avant de concourir. Dans ces moments-là, vous pouvez presque lire dans leurs pensées. Cette photo montre l'athlète qui retourne en haut du tremplin pour réaliser son dernier saut et décrocher la première médaille d'or du saut à ski féminin ! "

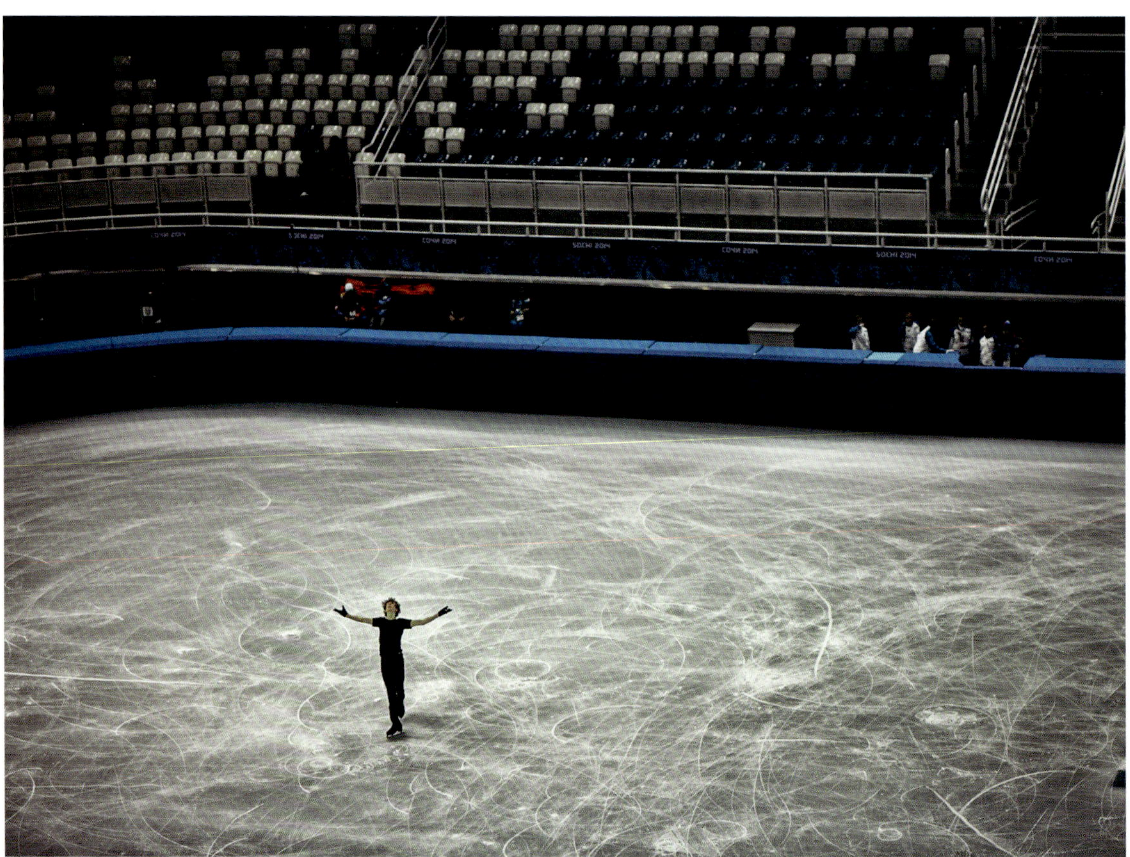

David Burnett

Figure skater training at the ice skating centre, the Iceberg Palace, with its original architecture, including a façade composed of thousands of panels in different shades of blue.

Entraînement d'un patineur artistique au centre de patinage, appelé Le Palais Iceberg, à l'architecture originale, avec sa façade composée de milliers de panneaux dans les nuances de bleu.

DAVID BURNETT

"From that higher elevation, you get a view of the rink as something that is not just a plain white sheet of ice that has no history to it. Once you get up high and tweak the contrast and the picture a little bit, it's like the ice becomes part of the story. You see all these amazing tracings that have been made by the blade of some world-class figure skater and then, in the middle of it, just surrounded by a few worker bees, and a few others on the opposite side of the rink, you have a young man in an otherwise empty space. He's just gone through his performance and it's just at the very end where he is presenting himself. So what I like about this picture is that there is a real backstage feel to a place that is in fact a giant stage."

"Depuis cet emplacement élevé, vous avez une vue de la patinoire qui vous permet de la voir non pas comme une grande surface de glace lisse et blanche qui ne raconte rien. Après avoir atteint un point élevé dans les gradins et en jouant aussi un peu sur les contrastes de la photo, il semble alors que la glace joue un rôle actif dans l'histoire. Vous apercevez toutes ces traces laissées par les lames des patins de ces patineurs de classe internationale, et au milieu de tout ça, entouré de quelques personnes qui travaillent sur les lieux et encore de quelques autres de l'autre côté de la patinoire, au milieu de cet immense espace vide, vous voyez un jeune homme. Il vient de terminer la répétition de son programme et ce sont les derniers instants, durant lesquels il est censé saluer le public. Par conséquent, ce que j'aime dans cette photo, c'est le fait qu'elle dégage une atmosphère de coulisses, alors qu'il s'agit en réalité d'une gigantesque scène."

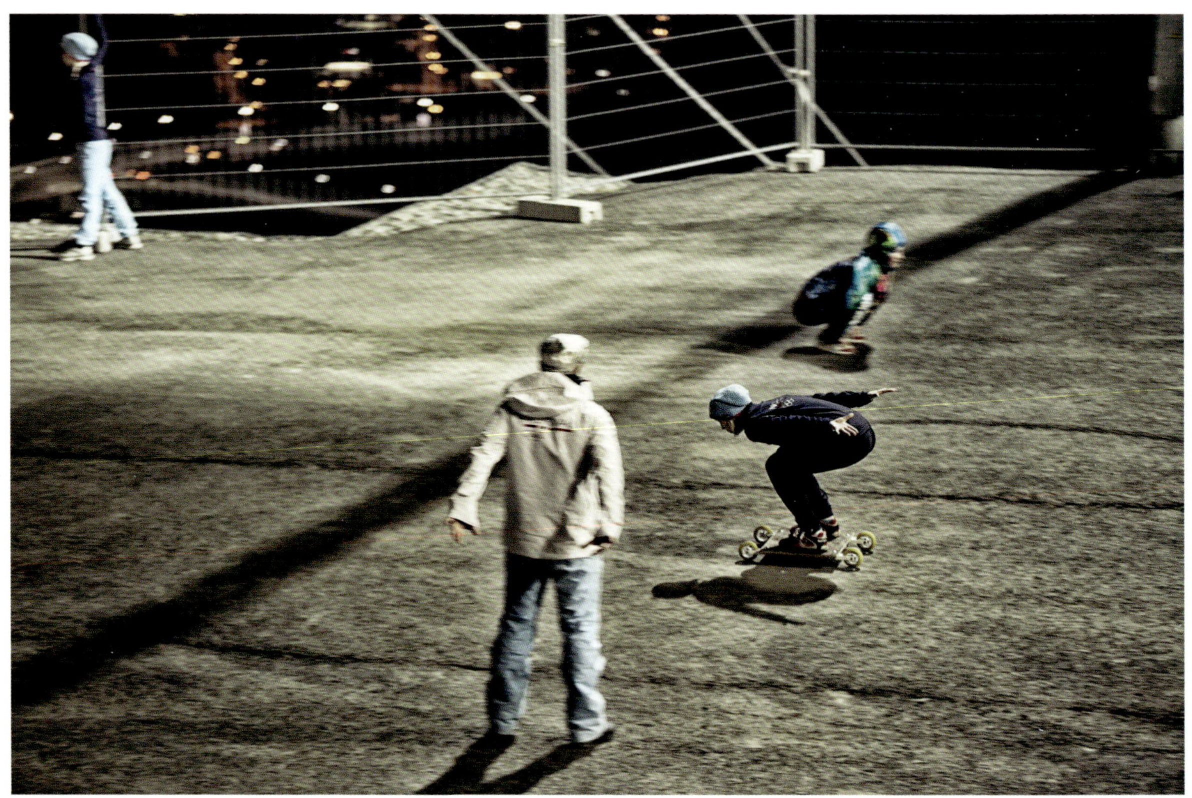

David Burnett

Woman ski jumper warming up with her coach, getting ready to jump from the normal hill. Women's ski jumping took place on the normal 106m hill at the RusSki Gorki Jumping Centre.

Échauffement d'une sauteuse à ski au tremplin normal avec son coach. Le saut à ski féminin avait lieu sur le tremplin normal d'une taille de 106m au RusSki Gorki.

DAVID BURNETT

"It was the absolute first night in the history of women's ski jumping at the Winter Olympics. So you have the woman on the little cart, which is one of the things that ski jumpers of all levels use in order to practise over and over again this explosive move that they have to do as they're leaping off the hill. Using these carts, which are like little skateboards, they'll either leap into the arms of their coach or they'll just practise. It's something that's very particular to ski jumpers and one of the things they do to warm up. The woman in the white coat in the foreground is rocking her arms back and forth and getting ready to crouch down and do a leaping thing. The crouching position of the woman at the back is all about the explosion – it's a combination of that explosive power of the lift-off and the balance that they're able to maintain while they're flying."

"C'était la toute première soirée de compétition dans l'histoire du saut à ski féminin dans le cadre des Jeux Olympiques d'hiver. Vous voyez donc cette concurrente, sur le petit chariot d'entraînement, l'un des accessoires qu'utilisent tous les sauteurs à ski, à tous les niveaux, pour s'entraîner encore et encore et pratiquer ce mouvement d'explosion qui est le leur lorsqu'ils s'élancent dans les airs une fois arrivés au bas du tremplin. Ils se servent tous pour cela de ce petit chariot, qui ressemble à une planche à roulettes. Après avoir pris leur élan, ils sautent dans les bras de leur entraîneur ou alors ils peuvent aussi pratiquer leurs sauts sans lui. C'est l'entraînement de base des sauteurs à ski et c'est ce qu'ils font en guise d'exercice d'échauffement. La concurrente vêtue de blanc, que l'on voit au premier plan, est en train de balancer ses bras d'avant en arrière. Elle s'apprête à s'accroupir pour ensuite enchaîner en s'élançant en avant pour prendre son envol. La position accroupie de l'autre concurrente montre bien l'instant qui précède la phase explosive du mouvement. On assiste alors à ce formidable enchaînement de la puissance explosive de l'envol, suivi de l'équilibre parfait que les sauteurs à ski parviennent à conserver durant toute la phase de leur vol dans les airs."

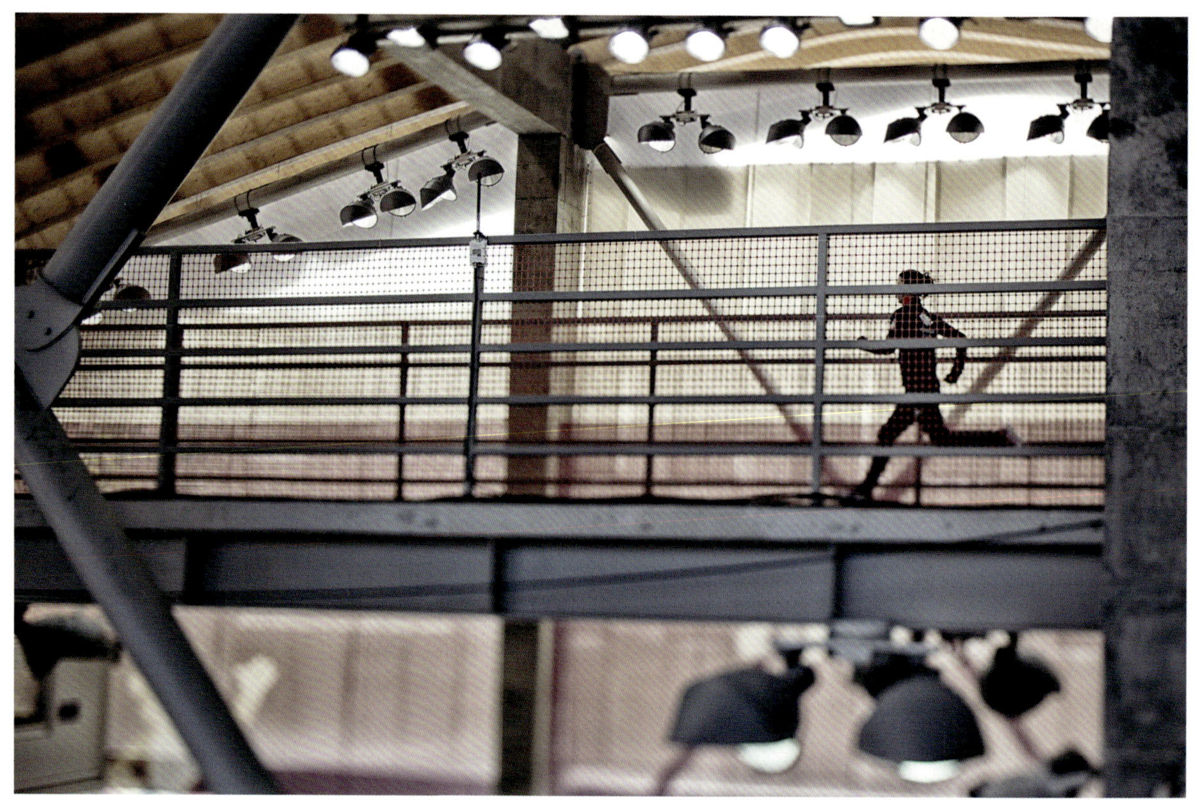

David Burnett

A skeleton athlete warms up at
the Sanki Sliding Centre.

Échauffement d'une athlète
de skeleton au centre de sport
de glisse Sanki.

DAVID BURNETT

"I love the warm-up areas, and I think a lot of our best shots come from these places where, sometimes, the space is incredibly well thought-out. This was a long passageway for the bobsled – about maybe 50 metres long and four metres wide – that was up on the third floor of the bobsled arena. Again, this is one of those things where explosive power is really what makes or breaks an athlete, and so you see these sledders running like they were practising for a track meet almost. They're really all about getting that sled going at the beginning, and you see the way they try and get these very explosive starts in order to get the sled up to speed as quickly as possible. I just like the idea that it's here, in this very unadorned place, that the real work is done."

"J'aime beaucoup les zones réservées à l'échauffement et je crois que bon nombre de nos meilleures photos sont prises dans ces secteurs-là, parce qu'ils sont extrêmement bien conçus. Il s'agit ici d'une piste pour le bobsleigh, longue d'environ 50 mètres sur 4 mètres de large, et qui se trouve au troisième étage de l'arène de bobsleigh. Là encore, on est face à un sport où la puissance explosive est ce qui fait ou au contraire anéantit la performance de l'athlète. Et c'est pourquoi on y voit ces athlètes courir, d'une certaine façon, comme s'ils allaient participer à une épreuve d'athlétisme. Leur objectif est, en fait, d'arriver à lancer le plus fort possible ce bobsleigh dès le départ et on le voit bien dans leur manière de commencer leur course. Ils s'élancent pour un départ absolument explosif, afin de lancer leur bobsleigh suffisamment fort pour qu'il atteigne la vitesse recherchée le plus vite possible. J'aime vraiment l'idée qu'une fois encore, c'est ici, dans un lieu totalement sobre et dénué de tout artifice, que le véritable travail s'accomplit."

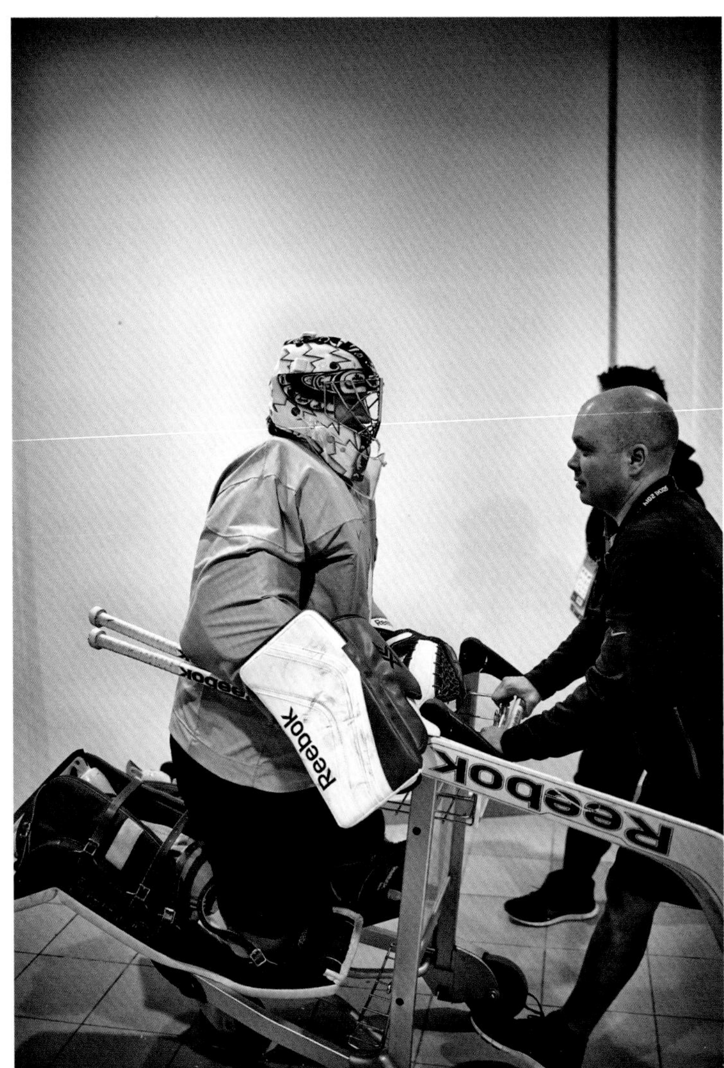

John Huet

The Canadian ice hockey
goalie on his way to the ice rink.

Le gardien de l'équipe
canadienne de hockey sur
glace en route pour la patinoire.

JOHN HUET

"This photo caught me by surprise while I was shooting the hockey team from Canada going to practice. In the hallway of the arena I found myself a place that had a very simple background: there was just a white wall and a doorway and two chairs for the security guards. I asked them if I could borrow the chair. All of a sudden, the goalie came through the door on a luggage cart. It turns out that, because of all the equipment he had on, instead of telling him to cross the street like that, they had decided to push him over to the practice rink. They did the same thing for the two other goalies, and at the end of practice they came back the same way, with their equipment on and everything. And again it was one of those moments you don't see very often at the Olympics because there are no TV cameras in those places."

"Cette photo m'a surpris moi-même alors que je photographiais l'équipe canadienne de hockey sur glace en train de se préparer à partir à l'entraînement. Je m'étais trouvé une place dans le hall de la patinoire. L'endroit était très sobre puisqu'il n'y avait qu'un mur blanc et deux chaises pour les agents chargés de la sécurité. Je leur ai demandé si je pouvais leur emprunter une chaise. C'est à ce moment-là que j'ai vu surgir de la porte le gardien de but de l'équipe canadienne, juché sur un chariot à bagages. En réalité, du fait de tout l'équipement qu'il portait sur lui, plutôt que de lui dire de marcher et de traverser l'allée, on l'avait fait grimper sur un chariot pour le transporter jusqu'à la patinoire d'entraînement. Pour les deux autres gardiens de but, on a d'ailleurs ensuite adopté le même moyen de transport et, à la fin de l'entraînement, ils sont revenus de la même manière, sur le chariot, chargés de tout leur équipement. Une fois de plus, il s'agissait d'un moment que l'on ne voit jamais lorsque l'on regarde les Jeux Olympiques, car ce n'est pas là que se tiennent les caméras."

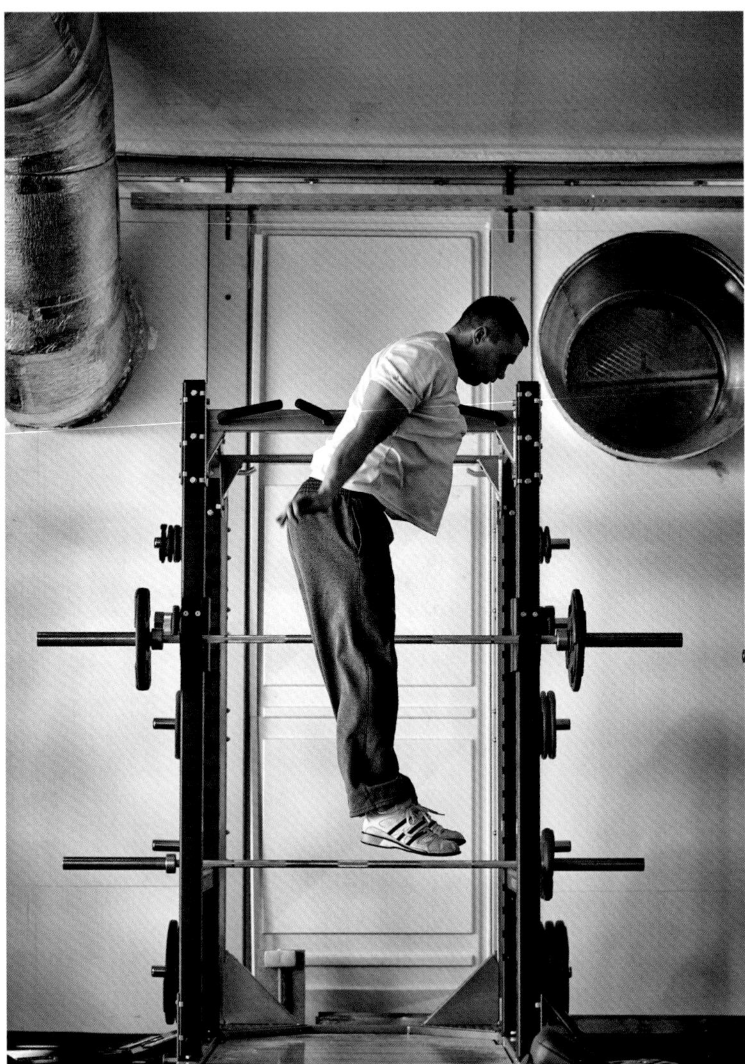

John Huet

A member of the USA bobsleigh team
at the gym in the Olympic Village.

Membre de l'équipe américaine
de bobsleigh s'entraînant à la salle
de gym du village olympique.

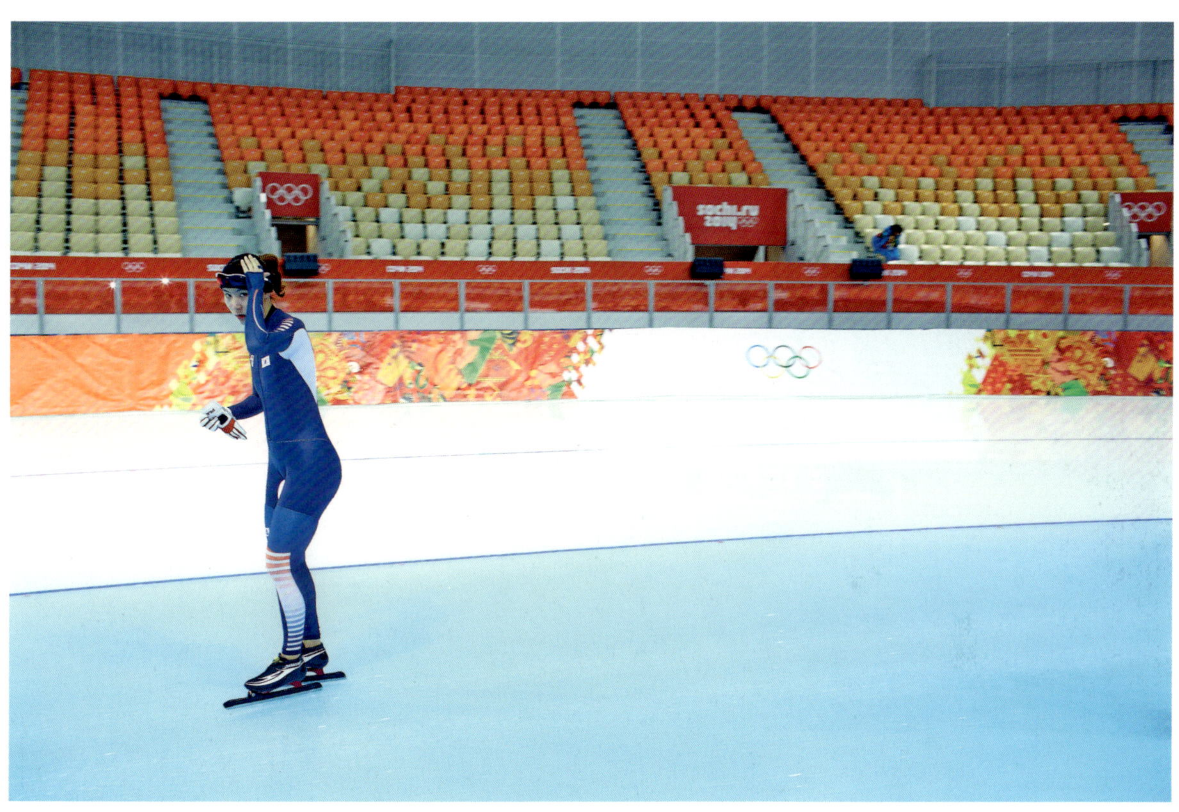

John Huet

A member of the Korean long-track
speed skating team in training.

Membre de l'équipe coréenne
de patinage de vitesse sur piste
longue à l'entraînement.

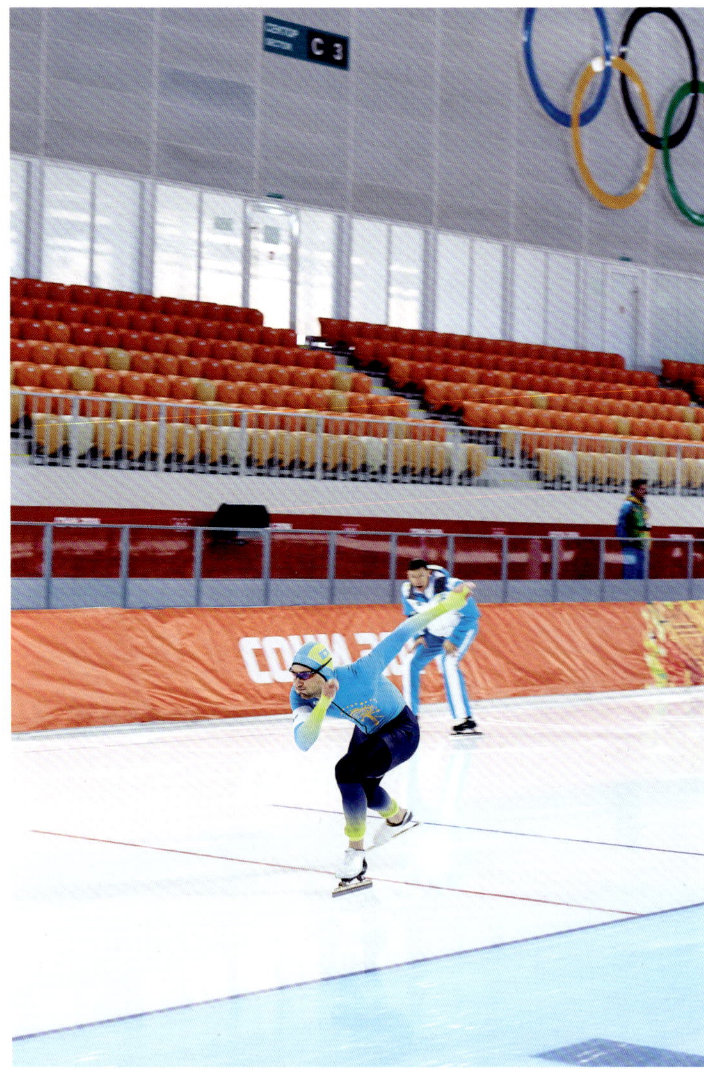

John Huet

Speed skater from Kazakhstan training with his coach.

Patineur de vitesse du Kazakhstan s'entraînant avec son coach.

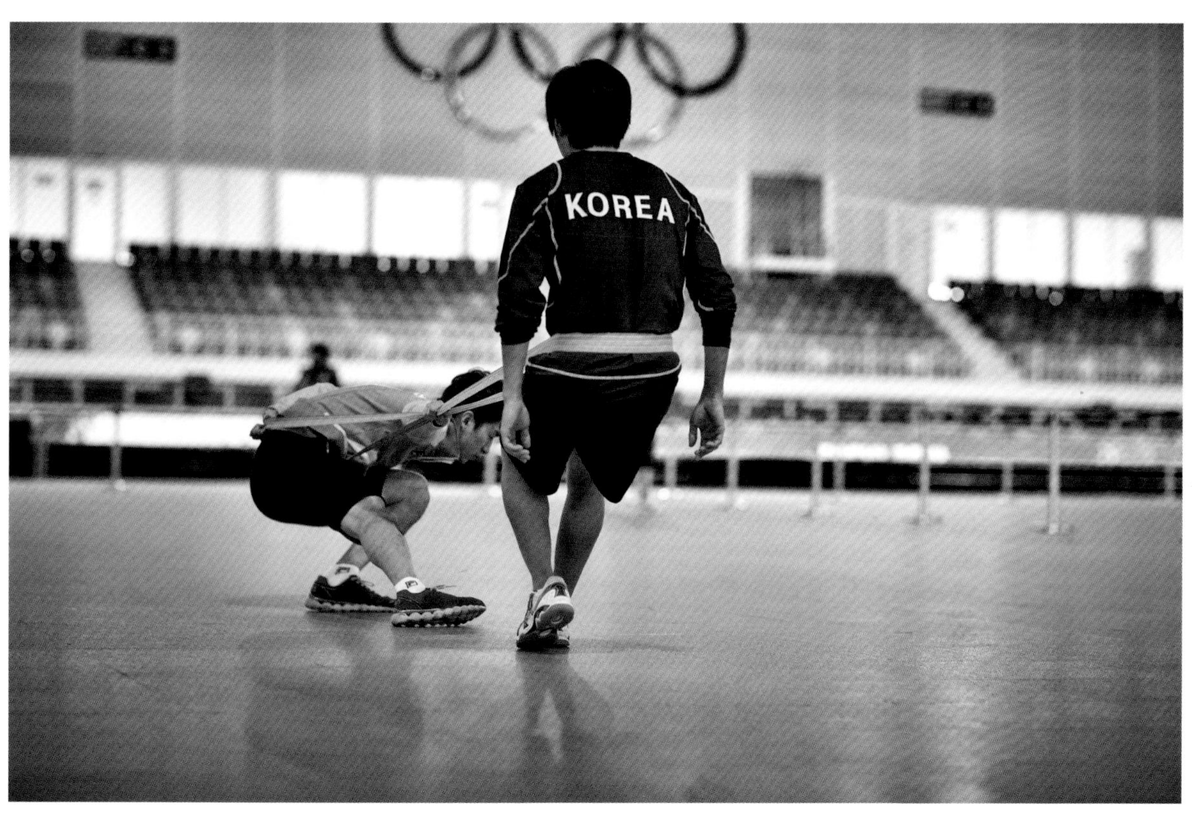

John Huet

Korean speed skater in training.   Patineur de vitesse coréen
s'entraînant.

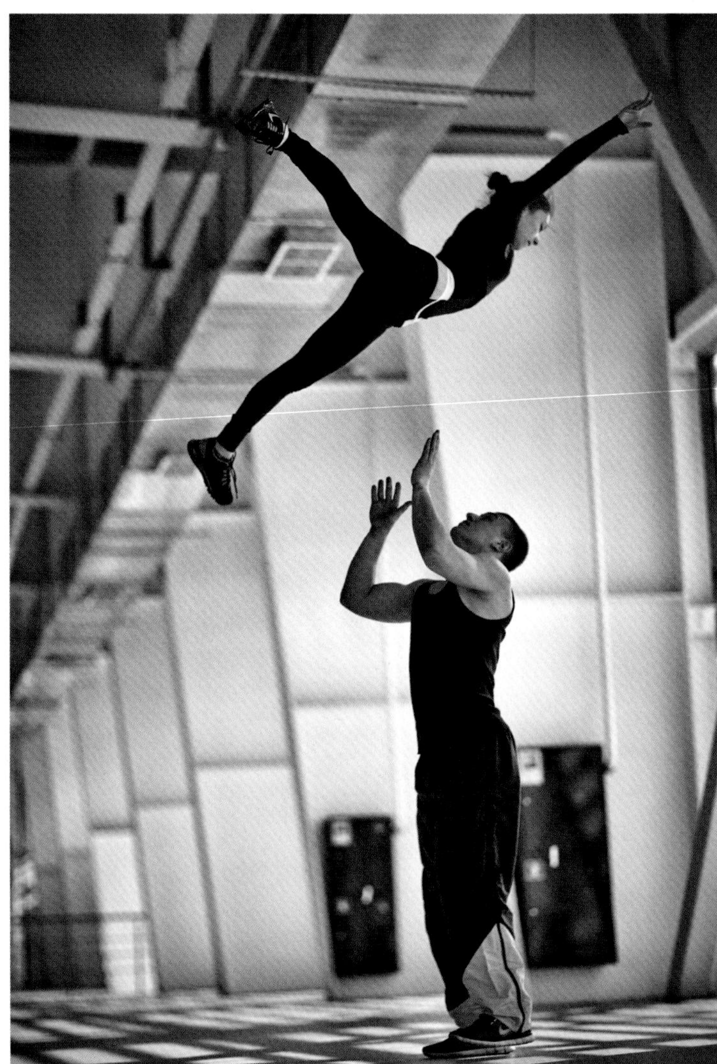

John Huet

Pairs figure skaters from Israel, Andrea Davidovich and Evgeni Krasnopolski.

Couple israélien de patinage artistique, Andrea Davidovich et Evgeni Krasnopolski.

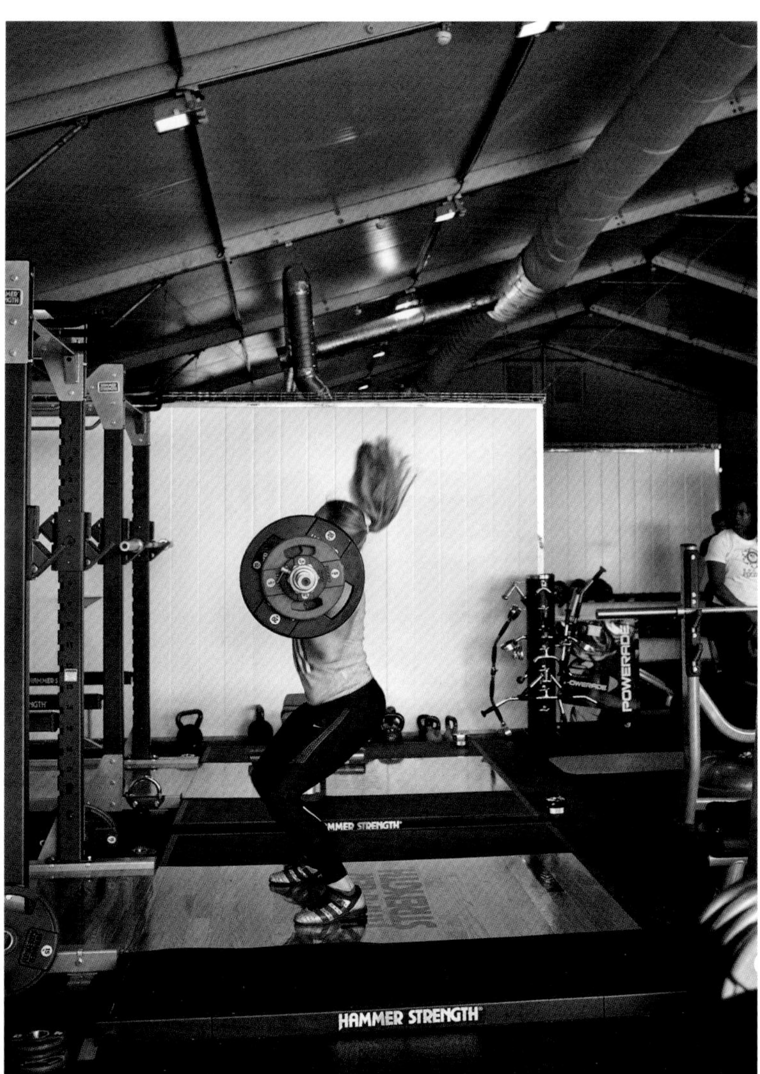

John Huet

Athlete from the USA women's bobsleigh team in the gym in the Olympic Village.

Athlète de l'équipe féminine américaine de bobsleigh à la salle de gym du village olympique.

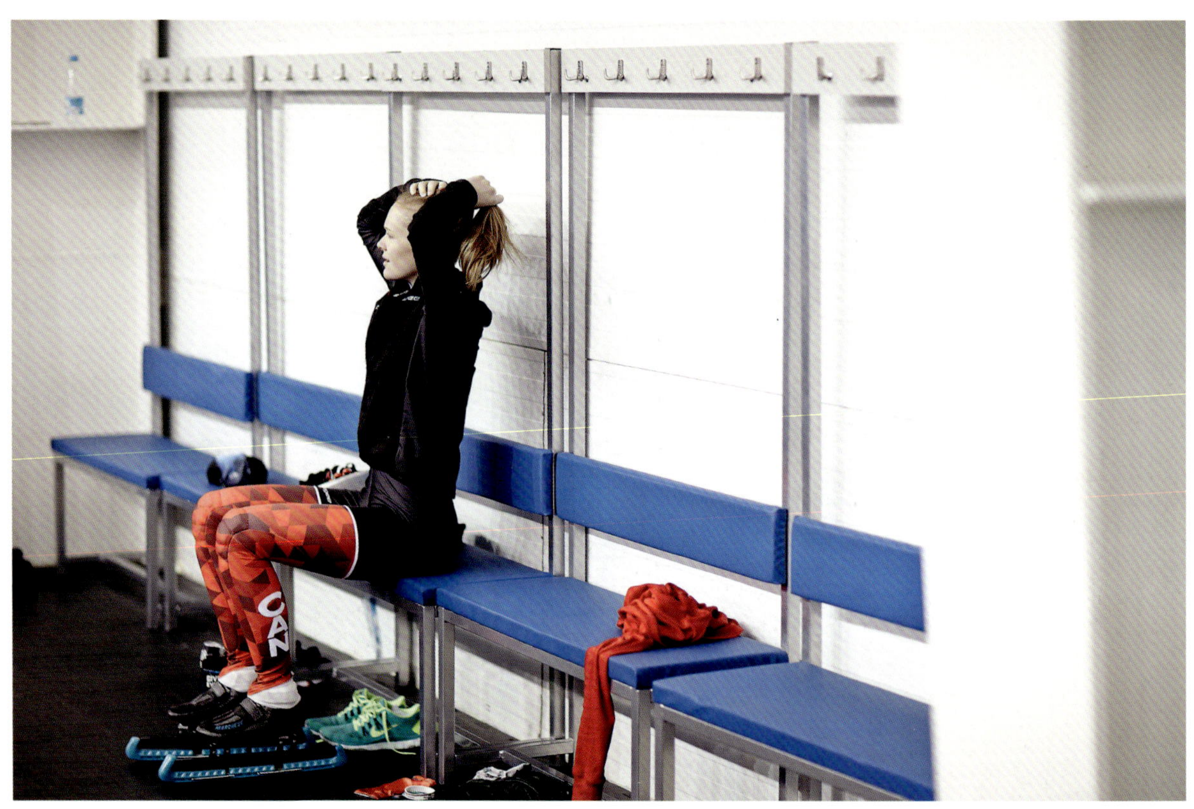

John Huet

Canadian short-track speed skater
in the changing room.

Patineuse canadienne de vitesse
sur courte piste dans les vestiaires.

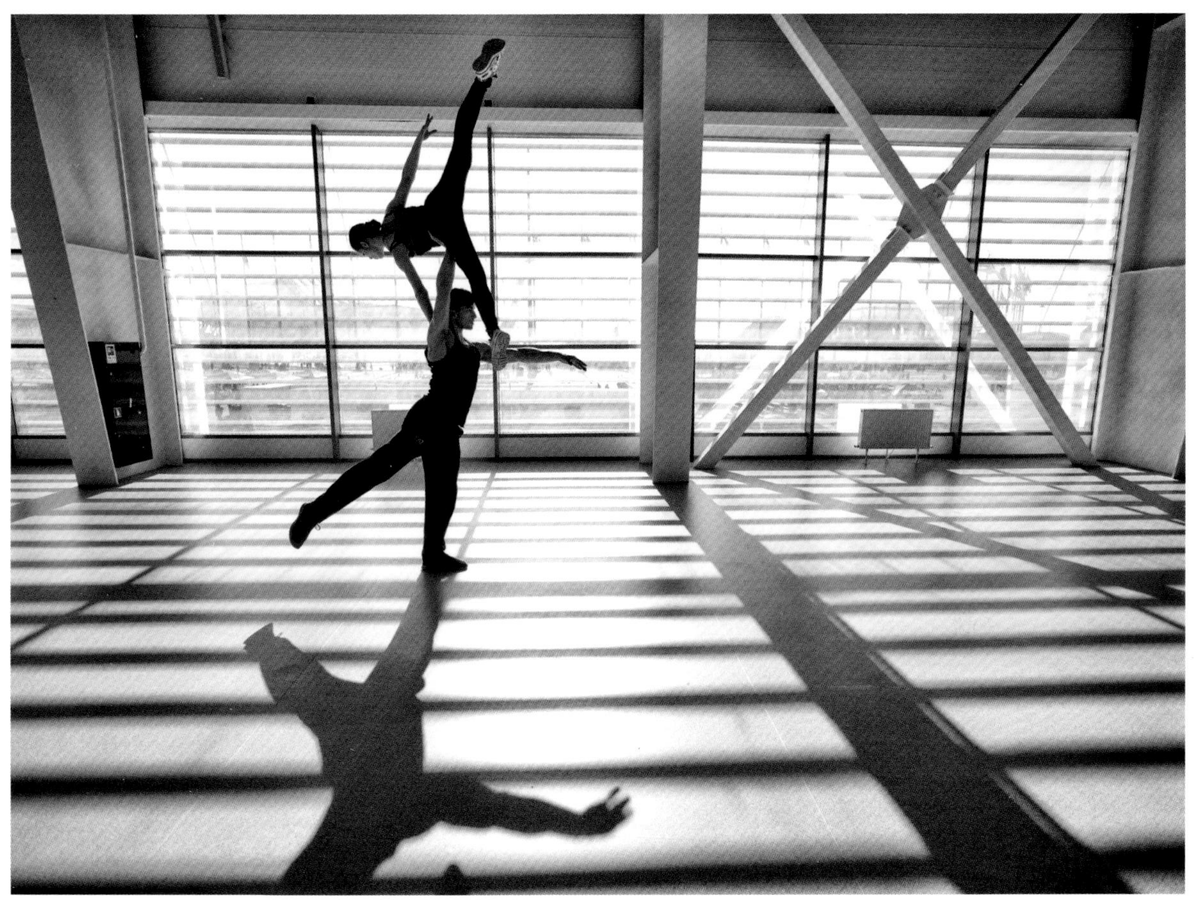

David Burnett

Pairs figure skaters rehearse their acrobatic moves.

Répétition de figures acrobatiques par un couple de patineurs artistiques.

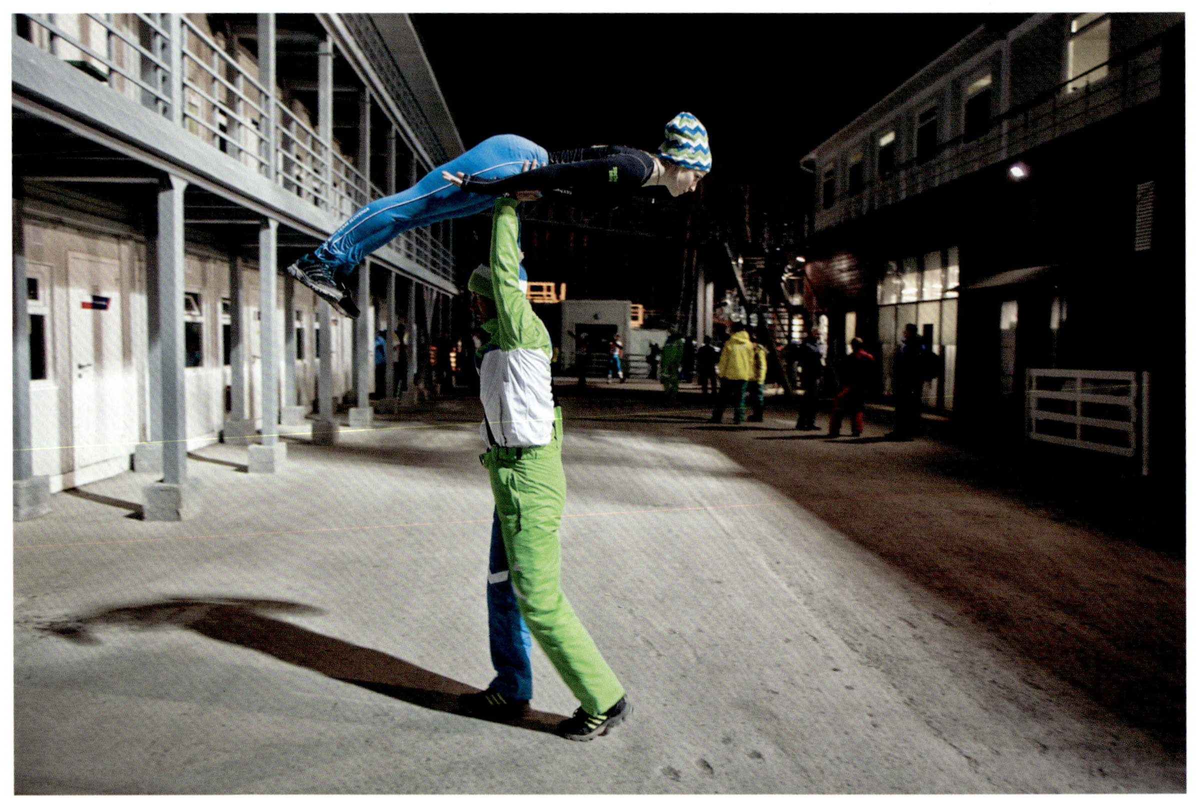

David Burnett

Woman ski jumper warming up with her coach, getting ready to jump from the normal hill.

Échauffement avec un coach d'une sauteuse à ski qui s'apprête à sauter du tremplin normal.

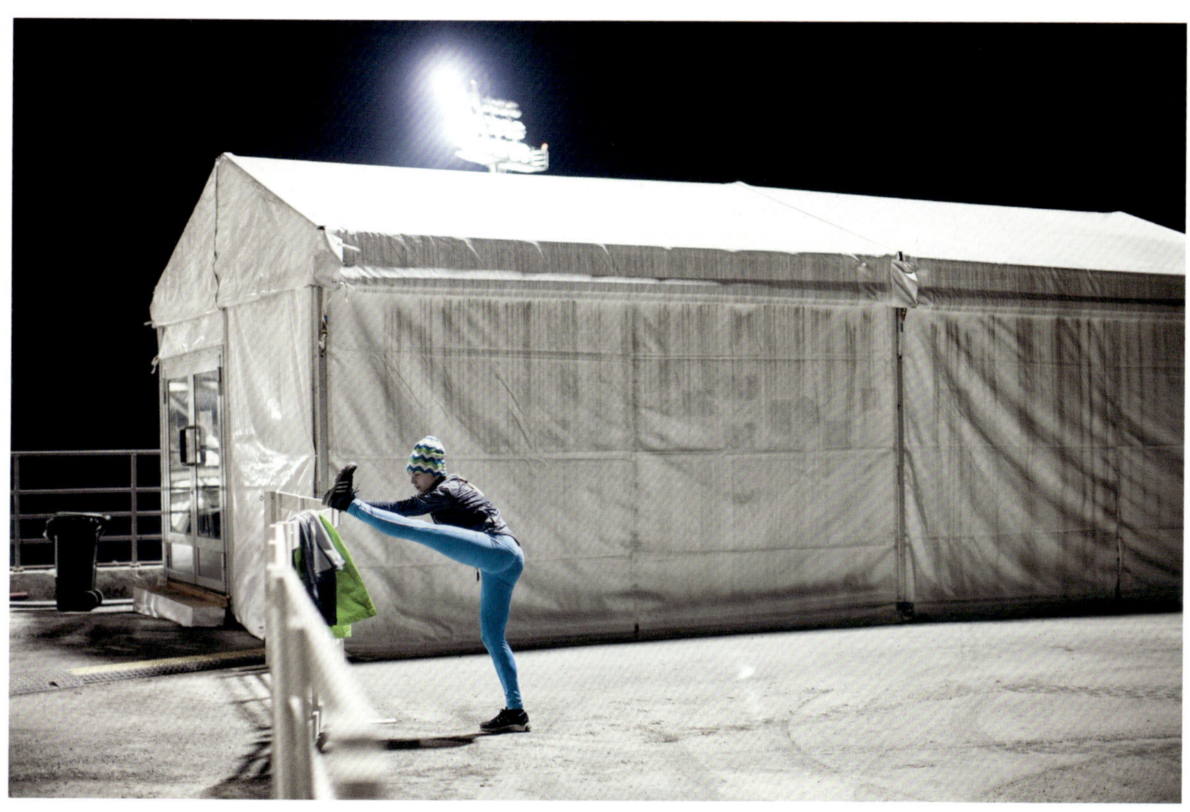

David Burnett

Woman warming up on the
normal hill.

Échauffement d'une sauteuse
à ski près du tremplin normal.

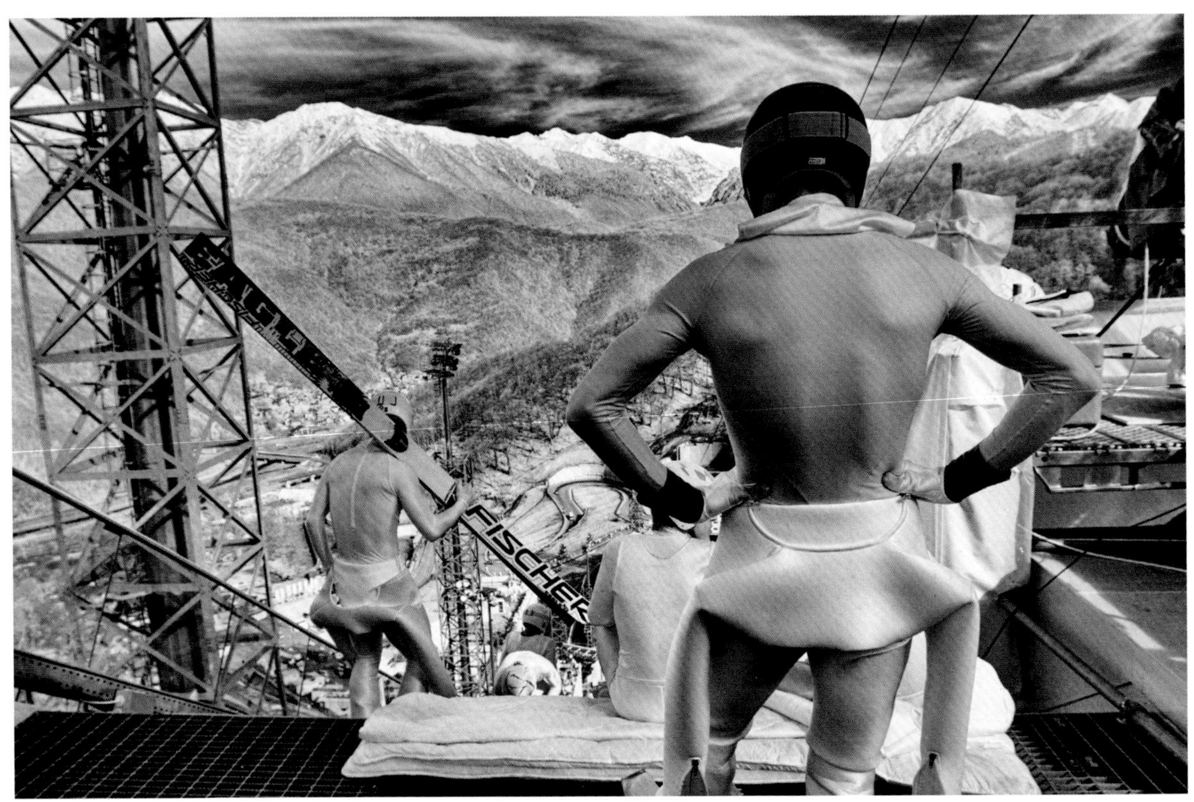

David Burnett

Training at the start of the ski
jump at the RusSki Gorki complex
in the Krasnaya Polyana winter
sports resort.

Scène d'entraînement au départ du
tremplin de saut à ski au complexe de
tremplins RusSki Gorki dans la station
de sports d'hiver de Krasnaïa Polyana.

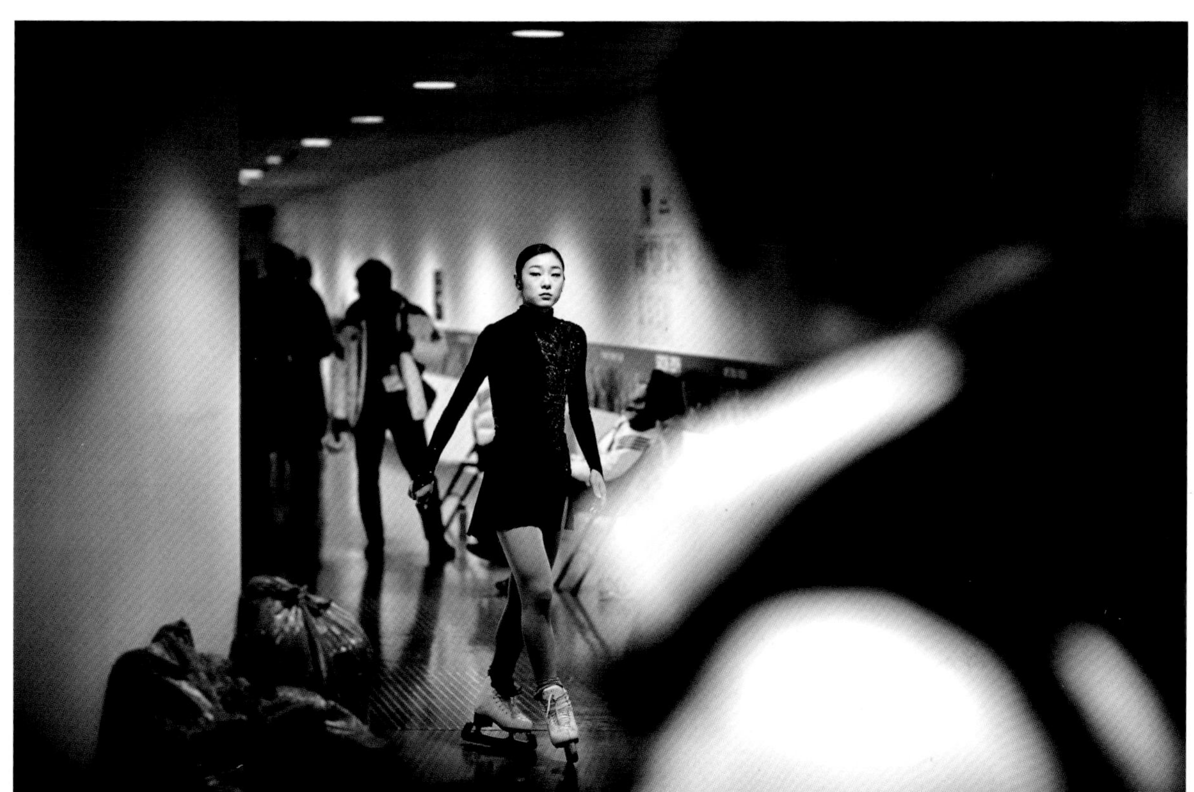

John Huet

Korean Yuna Kim waiting to take the ice before her free skate. She would become the silver medallist.

La Coréenne Yuna Kim avant de rentrer sur la glace pour son programme libre. Elle finira médaillée d'argent.

Moments in Time

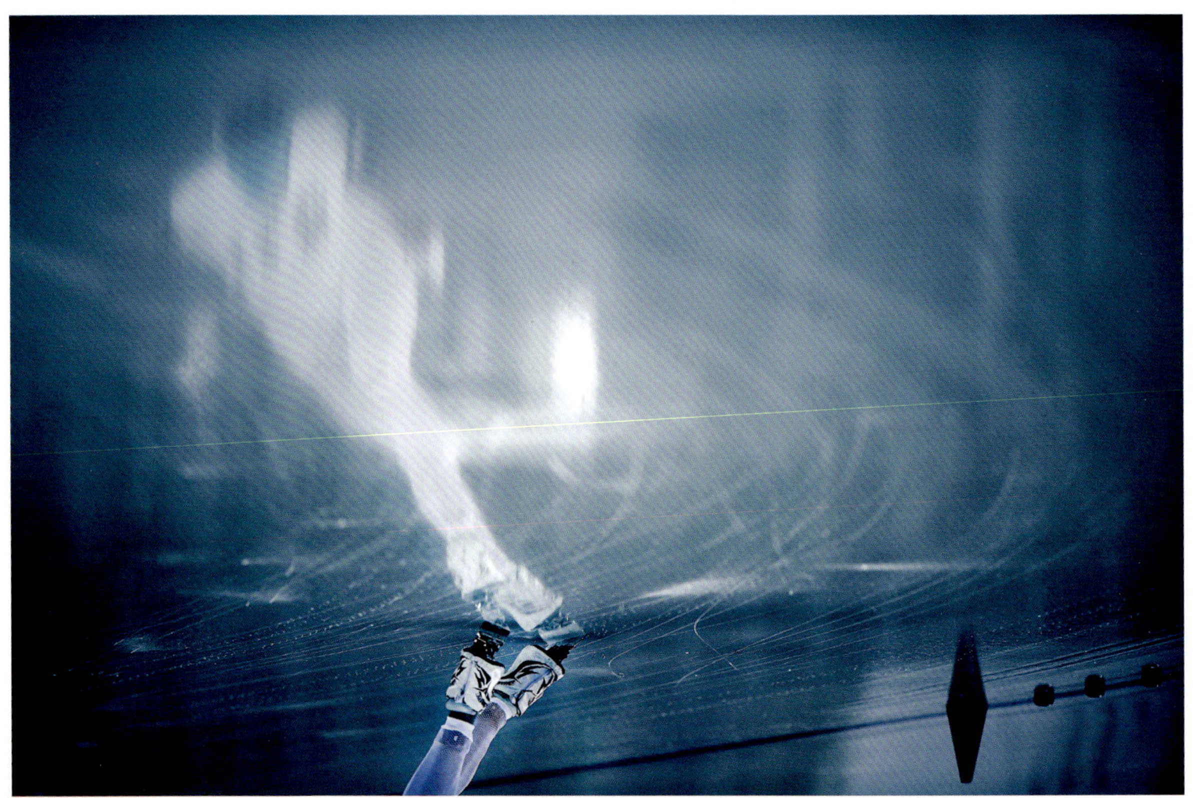

John Huet

Reflection on the ice of a
Russian speed skater.

Reflet sur glace d'un
patineur de vitesse russe.

JOHN HUET

"Sometimes, one has to look deeper into a photo to try and see what is beneath. In this photo, it was really what was going on under the speed skater rather than the skater herself. I started seeing all these really cool reflections in the speed skating, almost like if you have moonlight on a lake, and especially right after they treat the ice. The Russian uniform was all white, and when I saw this ghost skater reflected on the ice there was no choice – I had to shoot him.

The picture was fairly natural: I didn't do a whole lot of retouching. The great thing about digital photography is that if I had shot that on film I would never have seen all the different colours, the film wouldn't have been able to pick them up. With digital, you shoot it so that your histogram is not blowing out the blacks or blowing out the whites, so you have so much information there."

"Parfois, il faut savoir regarder plus profondément une photographie afin de voir réellement ce qu'elle révèle. Dans cette photo, il s'agissait de voir ce qui était au-dessous de la patineuse, plutôt que de se concentrer sur elle. J'ai commencé à prendre conscience de tous ces reflets fascinants dans les compétitions de patinage de vitesse, surtout juste après que la glace avait été refaite, un peu comme lorsque vous admirez le reflet de la lune dans un lac. La tenue des patineuses russes était entièrement blanche, et lorsque j'ai aperçu cette sorte de patineuse fantôme dans la glace je ne pouvais pas faire autrement que de la saisir au vol.

L'image est relativement naturelle : je ne lui ai pas apporté beaucoup de retouches. Ce qu'il y a de fantastique avec une photo numérique est le fait que si j'avais fixé cette image sur de la pellicule, je n'aurais jamais obtenu toutes ces différentes couleurs, la pellicule n'aurait pas été capable de les retenir. Avec un équipement numérique, vous prenez votre photo de manière à ce que votre histogramme n'éteigne pas les noirs ou les blancs et vous disposez alors d'une mine de nuances et d'informations."

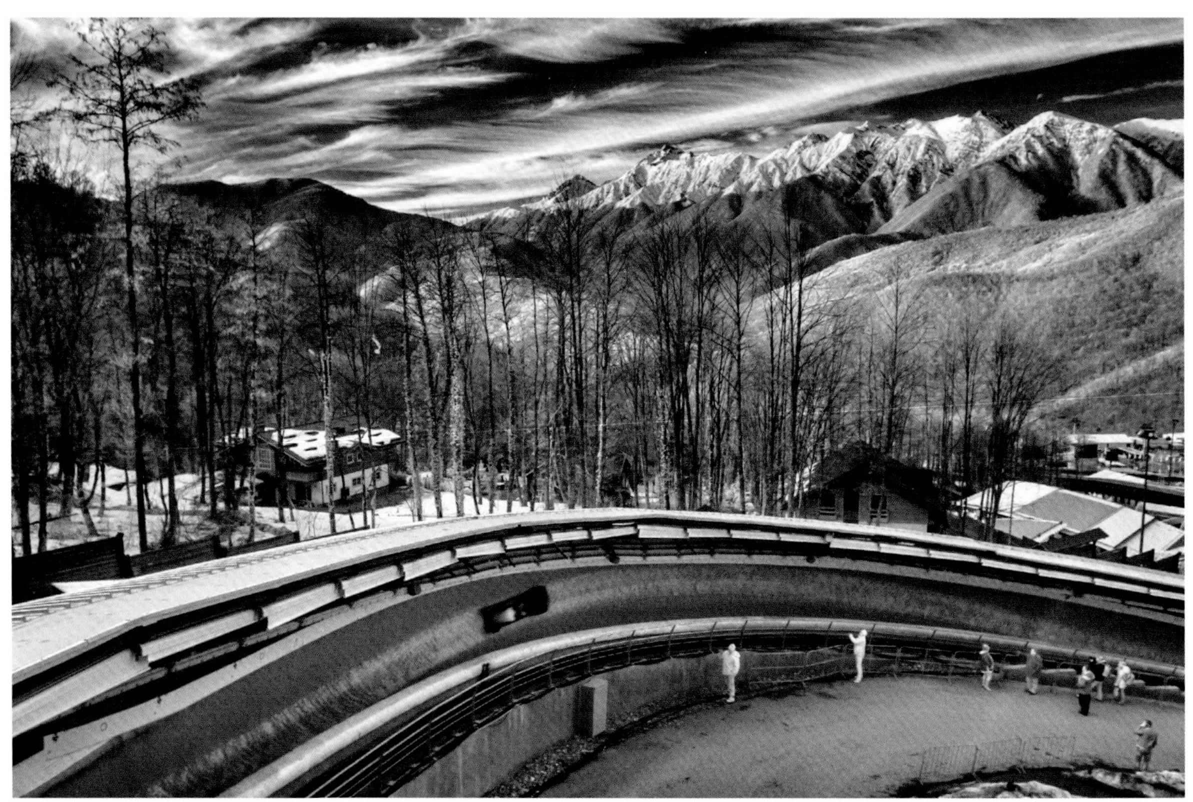

David Burnett

View of the Sanki, the bobsleigh,
luge and skeleton track in Krasnaya
Polyana, in the west Caucasus.

Vue du Sanki, piste de bobsleigh,
luge et skeleton située à Krasnaïa
Poliana, dans le Caucase de l'Ouest.

DAVID BURNETT

"While walking from the bobsled track up the hill to take the scenic cable car to Krasnaya Polyana, I turned round to see the perfect expression of what Sochi hopes to become. The sensuous turn of the ice, a sled hurtling along at over 100kph and, just behind, the gorgeous mountains that give the area its gift of skiing. I stopped for half an hour, and watched a dozen sleds fly by, each one making its way, one turn at a time, a little closer to the snowy peaks in the distance.

This photo was shot with my black-and-white camera, and I love this vision of Sochi because almost no other picture you're going to see gives you a clear idea of what the mountain area looks like. I think there is something very nice about the way that the clouds come together, the snowy mountains meet, the way the valley looks, in fact the whole thing: that's really what this place is about."

"Alors que je remontais de la piste de bobsleigh pour prendre un téléphérique offrant une vue panoramique de la région et me rendre à Krasnaïa Polyana, je me suis retourné et j'ai alors pu avoir une vision parfaite de ce que Sotchi espère devenir. Les courbes sensuelles de la glace, une luge glissant à plus de 100 km/h et en arrière-plan les merveilleuses montagnes qui ont fait cadeau du ski à toute la région. J'ai fait une halte d'une bonne demi-heure pour admirer la vue, pendant qu'une douzaine de luges se succédaient, glissant à toute allure, l'une après l'autre, virage après virage, avant de disparaître au loin en direction des sommets enneigés.

J'ai pris cette photo en noir et blanc. Ce que j'aime le plus dans ce cliché est le fait qu'il me donne enfin le sentiment de voir à quoi ressemble Sotchi, car en définitive presqu'aucune autre photo publiée ne vous donne réellement une idée précise de la véritable allure de cette région montagneuse. Je trouve aussi très belle la façon dont les nuages se croisent, dont les montagnes enneigées se rejoignent, dont la vallée se présente et dont toute la région se dévoile. On a vraiment le sentiment de découvrir la véritable nature de cette région."

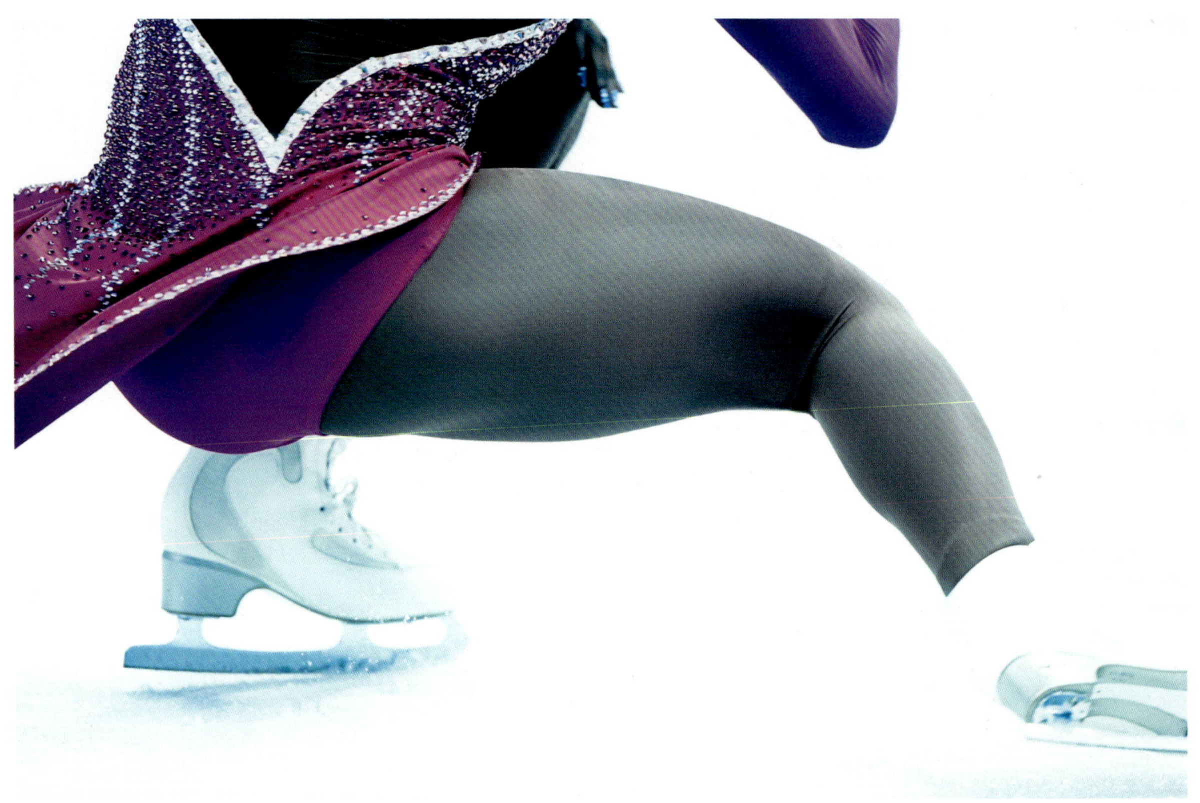

John Huet

Close-up of France's Maé-
Bérénice Méité's leg during
the short programme.

Gros plan de la jambe de la
Française Maé-Bérénice Méité
lors de son programme court.

JOHN HUET

"Figure skating is such a beautiful sport. Figure skaters wear their own individual costumes, so you have this sort of colourful pageantry. It's also very athletic, and when the skaters start doing spins the G-forces contort their bodies. So these little 16- or 17-year-old girls with sticks for legs all of a sudden have big wide hips because of the forces of gravity and the speed at which they're spinning. Even their faces are contorted.

When skaters are in a spin, their faces can look so totally distorted that by not showing the face in this photo I can really bring out the beauty of the spin. I wanted to highlight the beauty of the sport and also its athleticism. To show something that was graphic, beautiful, with splendid colours, while at the same time cleaning up the ice to make it a little nicer looking. It all sort of worked and then fitted into the composition. And again, the photo was not cropped, that was how I shot it."

"Le patinage artistique est un sport magnifique. Les patineurs et patineuses portent leur propre costume. Par conséquent, la compétition ressemble en quelque sorte à une cérémonie riche et colorée. Mais le spectacle est également très athlétique, et lorsque les patineurs commencent à faire leurs pirouettes la force gravitationnelle et l'accélération qu'ils mettent en œuvre semblent tordre leur corps. Par conséquent, ces jeunes filles frêles de 16 ou 17 ans, avec leurs jambes fines comme des baguettes, semblent avoir d'un coup de larges hanches sous l'effet de ces forces et de la vitesse de leurs pirouettes. Même leur visage est déformé sous l'effet de ces accélérations.

Ce phénomène est tellement net que lorsqu'un patineur est en pleine pirouette, son visage peut avoir l'air totalement distordu. Par conséquent, sur cette photo, en ne montrant pas le visage de la patineuse, je n'ai laissé apparaître que la beauté du saut. Je voulais mettre en évidence la beauté de ce sport et aussi son côté très athlétique. Il s'agissait de montrer un sport à la fois graphique, élégant, magnifié par des couleurs splendides, tout en nettoyant un peu la glace pour en faire ressortir uniquement la beauté. L'effet recherché a été ainsi obtenu pour mieux transparaître dans cette composition. Là encore, la photo n'a pas été recadrée, c'est vraiment exactement de cette manière que je l'ai prise."

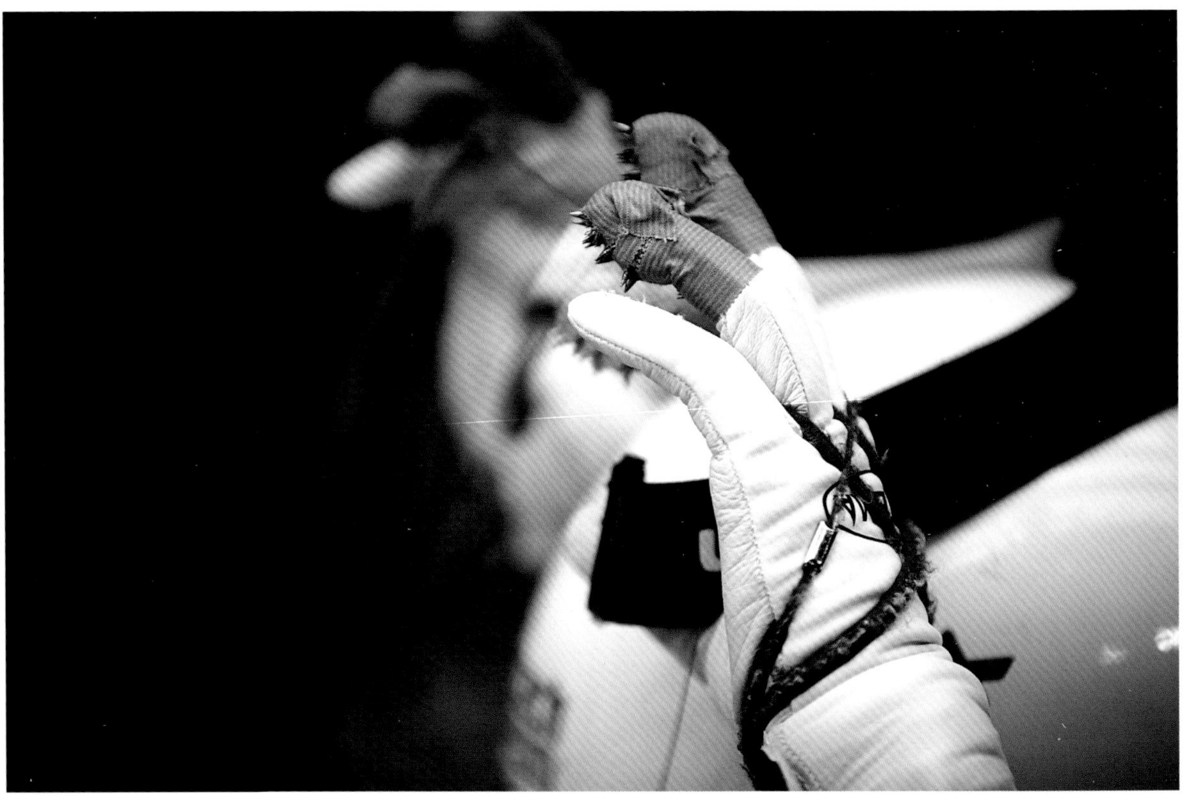

John Huet

Close-up of the gloves of Vendula
Kotenova, from the Czech Republic,
during the luge relay event.

Gros plan sur les gants de Vendula
Kotenova, de la République tchèque,
lors de l'épreuve de luge en relais.

JOHN HUET

It was the first time that this event was on the Olympic programme. The event is made up of three runs per team: one woman, one man and one duo.

"A part of my assignment for the opening ceremony was to photograph body details, so that thought was always at the back of my mind. And I've always found it really interesting to pick out these details in the athletes: different little things that people may never even notice. With lugers it's that they have spikes at the end of their gloves, which they dig into the ice when they're pushing off at the start of a race; it's something that you'd probably never see if you're just watching the event on television. I try to keep a little bit of the branding in if I possibly can. I'd want people to know it's Sochi. This can be hard when you start doing the close-up stuff."

Cette épreuve figurait pour la première fois au programme des Jeux Olympiques. La compétition se compose de trois épreuves par équipes : simple homme, simple dame et double.

"Une part de mon travail pour la cérémonie d'ouverture consistait à prendre des photos de parties du corps. Par conséquent, cette contrainte est restée présente en permanence dans mon esprit. De plus, j'ai toujours trouvé très intéressant de voir les athlètes et les détails, de relever des petites choses que les gens ne voient peut-être même jamais. Dans le cas des lugeurs, on peut mentionner les petites pointes qui garnissent le bout des doigts de leurs gants et qui servent à mieux accrocher la glace au moment du départ de la course. Il s'agit d'un détail que vous ne remarquerez probablement jamais tant que vous suivez les épreuves uniquement à la télévision. J'essaie de garder toujours un peu la marque des lieux chaque fois que je le peux. Je voudrais que les gens se rendent compte qu'il s'agit des Jeux de Sotchi. Mais cela est plus difficile lorsque vous vous lancez dans la photographie de détails en gros plan."

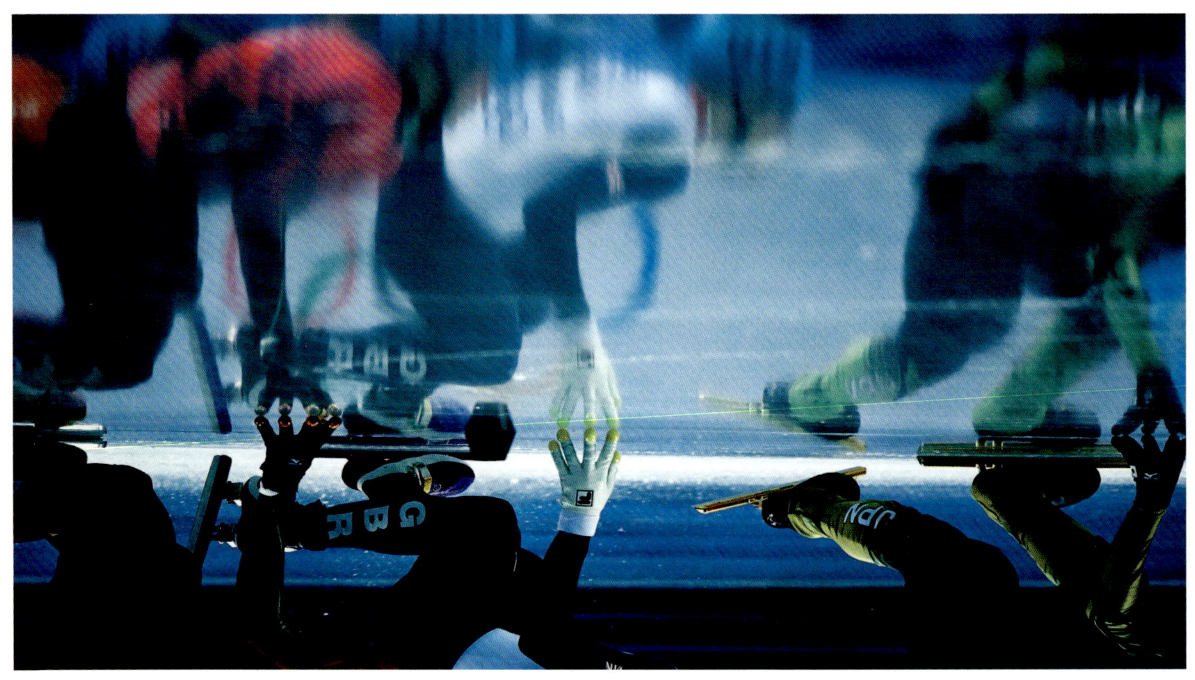

John Huet

Reflections on the ice at the start of
the short-track speed skating.

Reflets sur glace d'un départ de
patinage de vitesse sur piste courte.

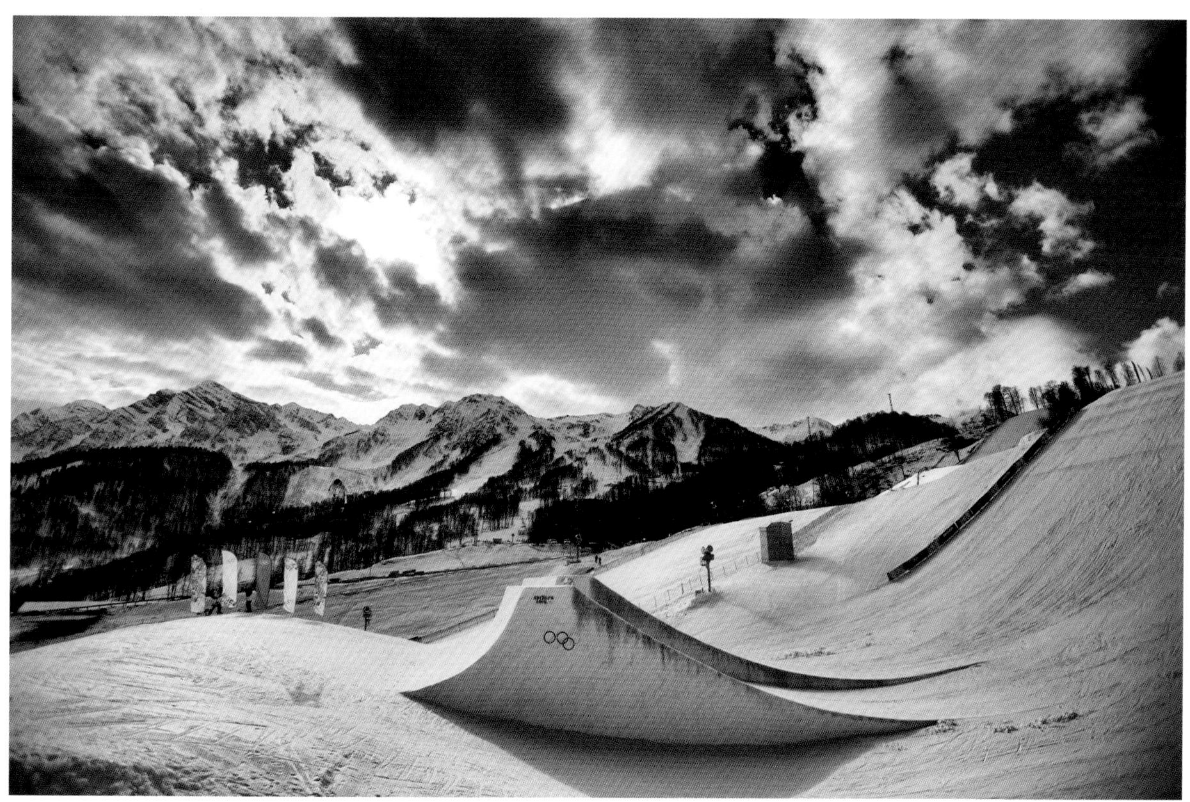

David Burnett

View of the ski slopestyle course, made up of various obstacles (rails, quarter pipes and jumps). Ski slopestyle was a new event that appeared at the Sochi 2014 Games.

Vue d'ensemble de la piste de ski slopestyle, composée de différents obstacles (des rails, des quarts de cylindre, des tremplins). Le ski slopestyle est une nouvelle épreuve ajoutée lors des Jeux de Sotchi en 2014.

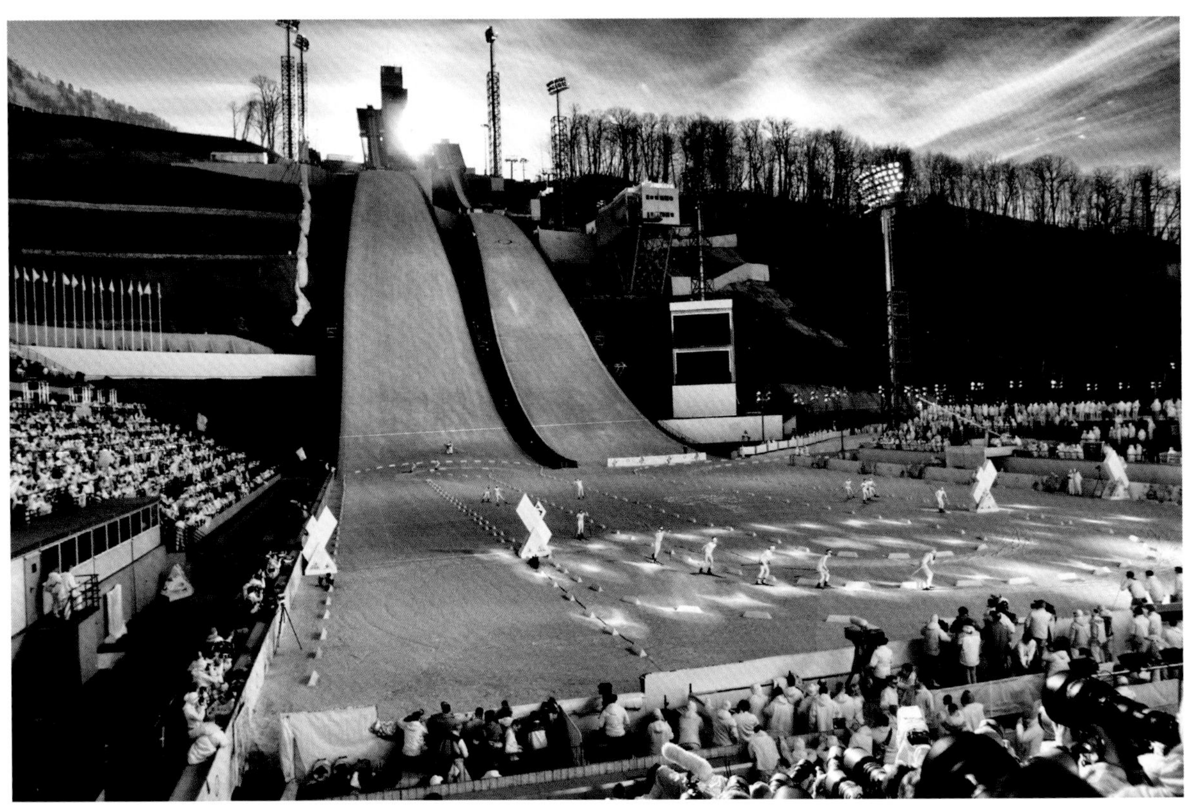

David Burnett

View of the ski jump hills for the ski jumping and Nordic combined events at the RusSki Gorki.

Vue d'ensemble des tremplins de saut à ski pour les épreuves de sauts à ski et de combiné nordique, au RusSki Gorki.

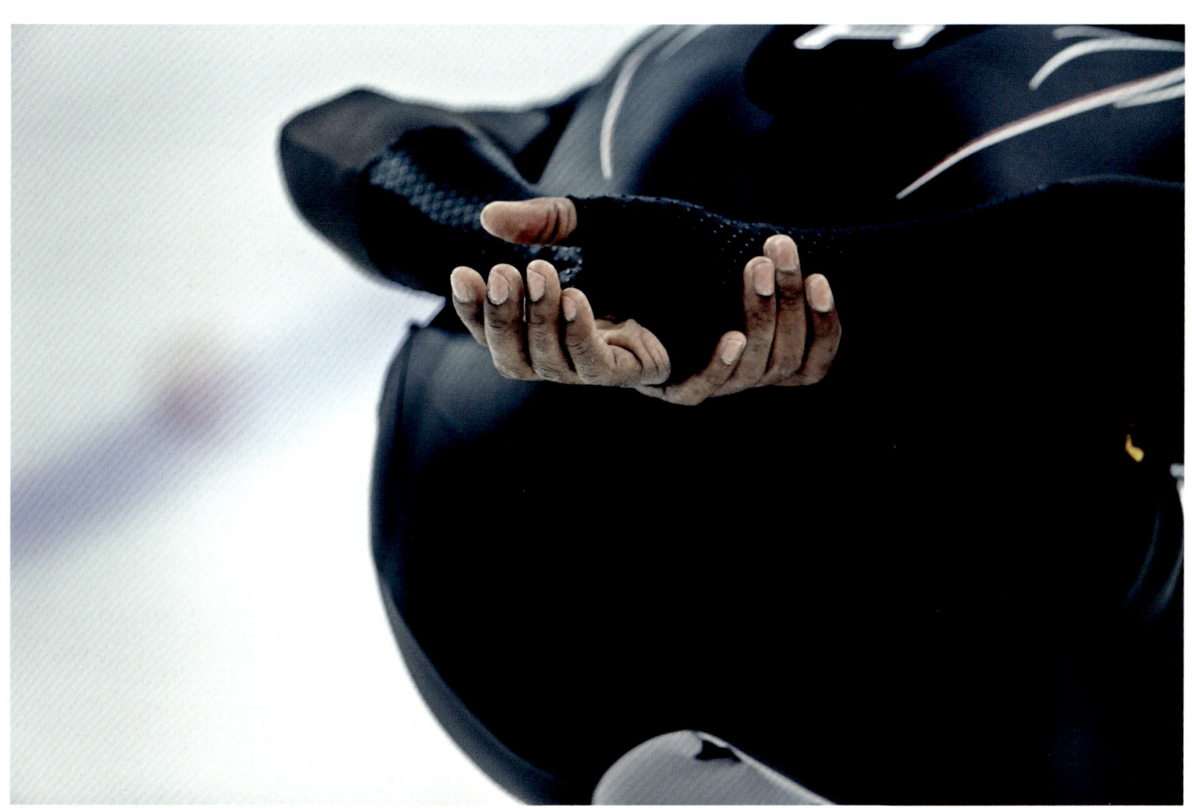

John Huet

The USA's Shani Davis has his hands behind his back at the start of the 500m short-track speed skating event.

Les mains dans le dos de l'Américain Shani Davis, au départ du 500m de patinage de vitesse sur piste courte.

Action

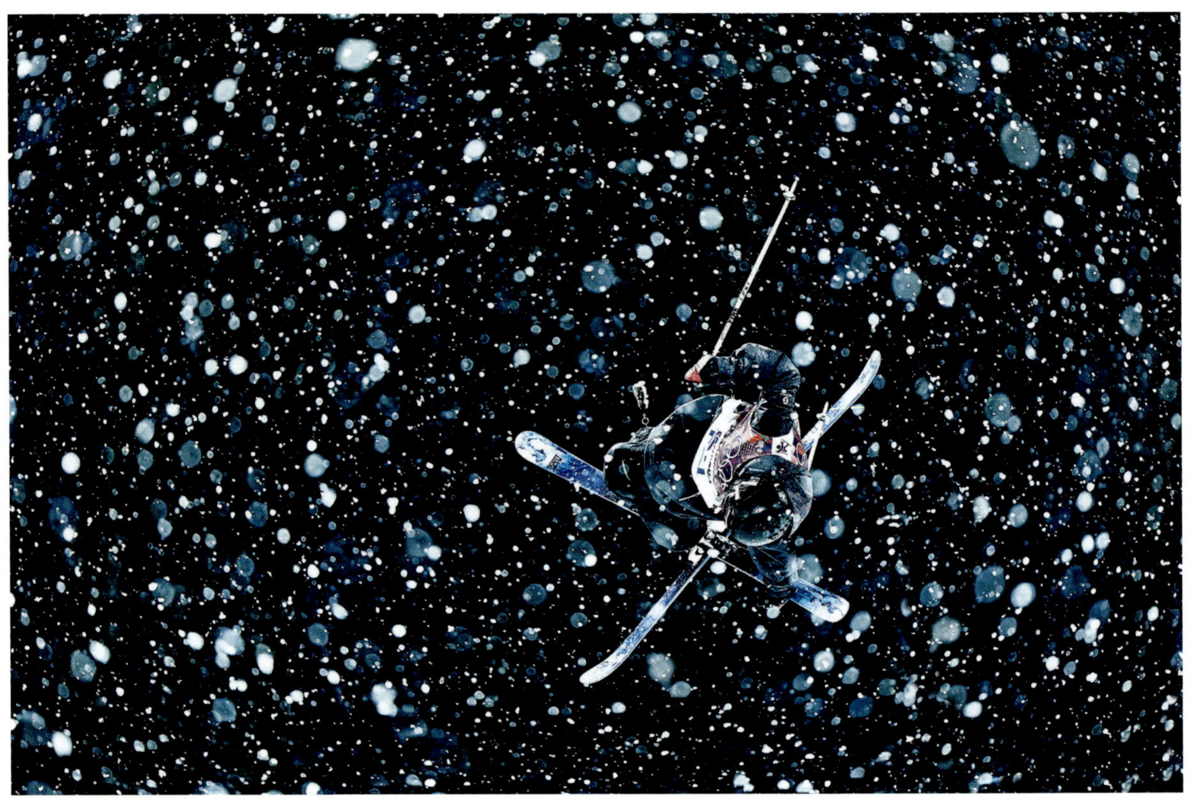

John Huet

Half-pipe ski jumper in the snow.

Sauteur à ski de half-pipe sous
la neige.

J O H N   H U E T

"Sometimes, everything in the world comes together at just the right time and just the right place to help you make the perfect photograph. This photo had the snow falling, the time of day, the colour of the clothes, and even the colour of the skies. It snowed for the first time, and technically I wasn't even prepared for that. I had no covers for my cameras or anything like that.

As the conditions got worse, the pictures just kept getting better. All I had to do was be in the right spot, at the right time, and remember to push the button."

"Parfois, le destin semble réunir tous les éléments nécessaires, au bon moment et au bon endroit, pour vous permettre de faire la photo parfaite. Cette image réunit tous les éléments clés pour faire une bonne photo : la neige qui tombe, la lumière du jour, la couleur de la tenue du skieur et même la couleur du ciel. Il neigeait pour la première fois depuis le début des compétitions et techniquement je n'étais pas préparé à cela. Je n'avais pas l'équipement adéquat et rien pour protéger mes appareils.

Pourtant, au fur et à mesure que les conditions météo se détérioraient, les photos étaient de plus en plus réussies. La seule chose dont je devais me soucier était de me tenir au bon endroit, au bon moment et de ne pas oublier de presser sur le bouton."

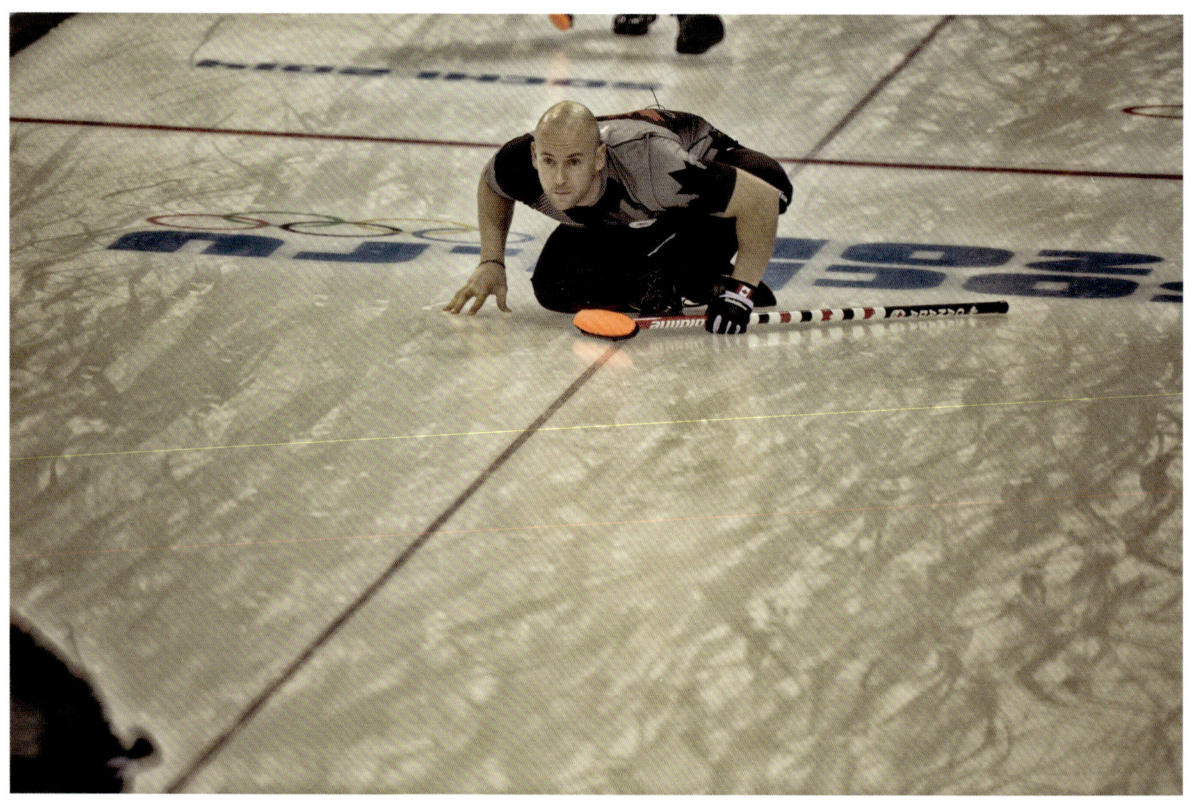

David Burnett

Ryan Fry, of the Canadian curling
team, the gold medallists of the
men's tournament.

Ryan Fry, de l'équipe canadienne
de curling, médaillée d'or du
tournoi masculin.

DAVID BURNETT

"Ryan Fry of Team Canada isn't content to just deliver a stone. He stays close to the ice, as if to will it, coax it to go his way. The look of concentration in his eyes is akin to a laser beam. He doesn't get up, his chin is almost on the ice looking at it; and he has his own means of tracking the course of the stone as if getting it to go out that way, or come in this way. It is the same for us photographers: you have to slow yourself down a little bit and try and get onto their pace. Watching the Canadian guy work was just like watching Einstein in the physics lab.

For this picture, we just popped a little bit of contrast into that ice because it has this very particular personality, and when you are able to make out the lines in the ice it perhaps gives you a slightly better sense of what the athletes have to deal with in terms of every lane and every patch of ice."

"Ryan Fry, membre de l'équipe canadienne, ne se contente pas de lancer la pierre. Il se tient le plus près possible de la glace, comme pour l'apprivoiser et la dompter, afin d'en tirer le meilleur. La concentration de son regard est comparable à un rayon laser. Il ne se redresse pas, son menton reste comme collé à la glace qu'il ne quitte pas des yeux. Il a cette manière bien à lui de suivre la pierre du regard et semble véritablement influencer sa course. Il en va de même pour nous, photographes. Il faut ralentir nos gestes et suivre le rythme des joueurs. Regarder ce joueur de l'équipe canadienne sur la glace est un peu comme observer Einstein dans son laboratoire de physique.

Pour cette photographie, nous avons juste renforcé un peu les contrastes sur la glace, car elle possède sa personnalité propre et bien particulière. Et, lorsque vous distinguez légèrement les lignes tracées dans l'épaisseur de la glace, cela peut vous donner une meilleure idée de ce à quoi les athlètes doivent faire face sur la piste et sur chaque mètre de glace."

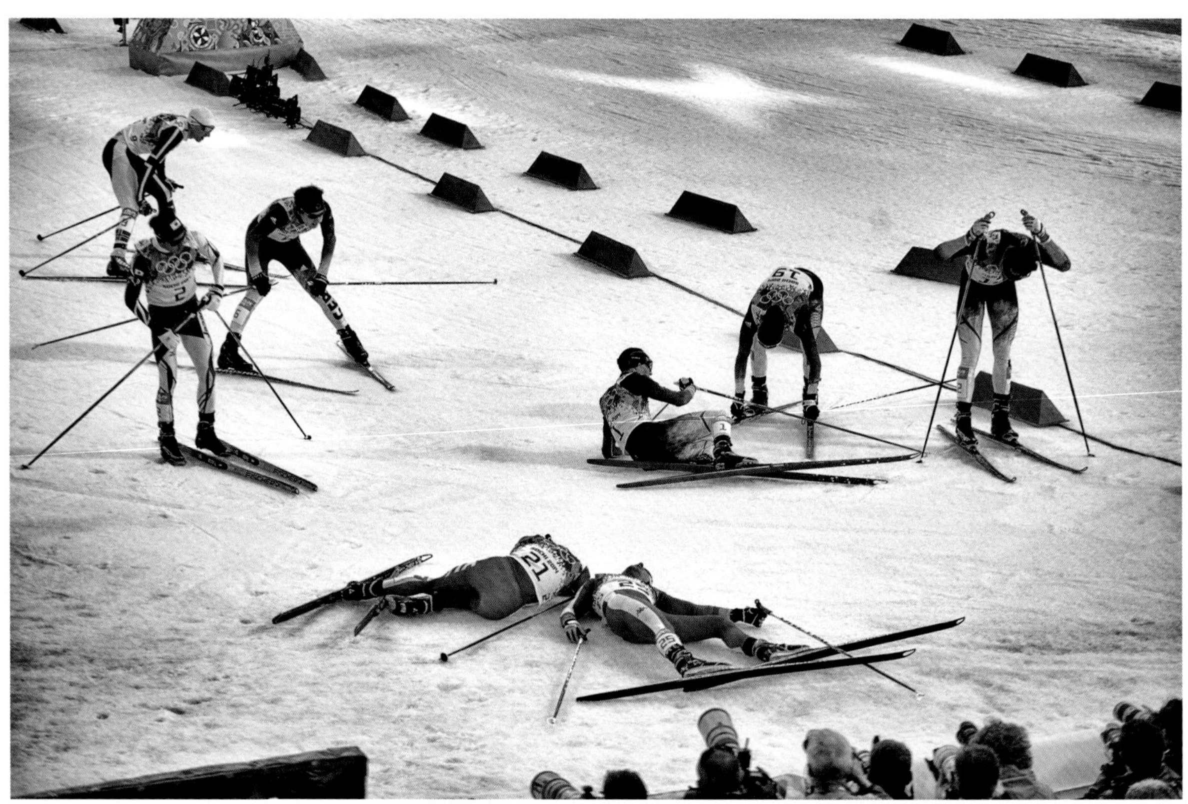

David Burnett

Finish of the team Nordic combined. After an individual jump on the 140m large hill, the teams do a 4×5km cross-country ski.

Arrivée du combiné nordique par équipes. Après un saut individuel sur le grand tremplin de 140m, les équipes font un relais de 4×5km de ski de fond.

DAVID BURNETT

"It's hard to imagine that so many great athletes can be at very nearly the same level of performance. But at the end of the Nordic combined, that fascinating mixture of ski jumping and cross-country – two true Nordic events – we see the drained bodies of those who have given their all on the track. Nothing more to give. They don't come back with anything in their rucksack, put it that way: all their resources have been spent on the course. And they themselves are totally spent, too. There is only one official winner, but to finish this race, collapsing in total exhaustion at the finish, is a sign that they have given everything they had.

A picture like this shows them as people who have totally understood how to spend their life force in a way that gets them to where they want to be. Such photos are an attempt to show respect for people who have done everything to their utmost."

"Il est difficile d'imaginer qu'autant d'athlètes remarquables puissent se maintenir quasiment tous à un même niveau de performance. Et, à la fin du combiné nordique, ce mélange fascinant de saut à ski et de ski de fond – deux épreuves typiquement nordiques – nous assistons à l'arrivée de ces athlètes, le corps vidé, qui ont tout donné sur la piste. Ils sont épuisés, à bout de force. On pourrait dire qu'ils n'ont plus rien dans leur sac à dos, chaque once de leurs ressources a été exploitée. Ils ont tout donné d'eux-mêmes. Officiellement, il n'y a qu'un seul vainqueur, mais pour arriver au terme d'une telle course, en s'effondrant totalement épuisés sur la ligne d'arrivée, ils montrent tous qu'ils ont donné tout ce qu'ils pouvaient puiser au fond d'eux-mêmes.

Une photo comme celle-ci nous les montre tout simplement comme des êtres qui ont compris comment dépenser leur force vitale d'une manière qui les amène exactement là où ils souhaitent se trouver. En définitive, les photos constituent une tentative de rendre hommage, avec tout le respect qui leur est dû, à ces athlètes qui ont fait ce qu'ils devaient faire en donnant tout d'eux-mêmes."

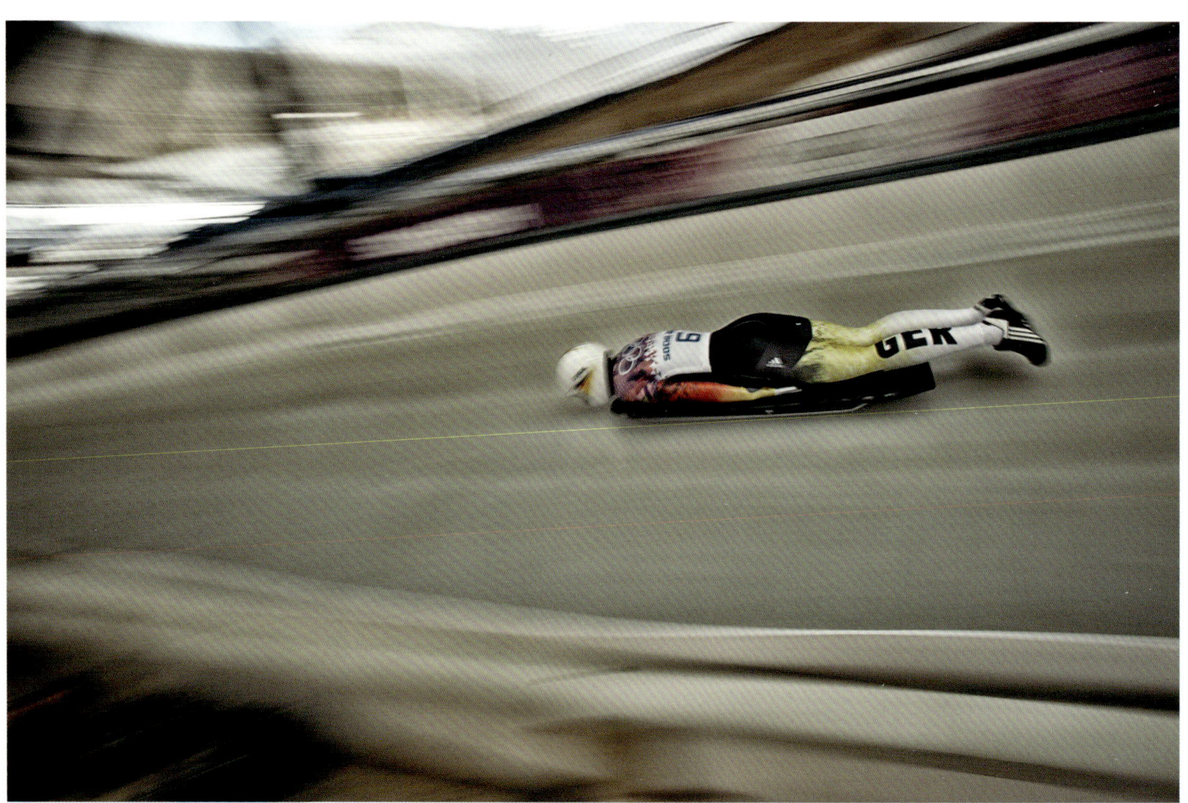

David Burnett

Member of the German skeleton
team hurtling down the track,
head first.

Membre de l'équipe d'Allemagne
de skeleton dévalant la piste, tête
en avant.

DAVID BURNETT

"Racing head first down the icy track, chin just centimetres from the ice, demands the coolest of cool. It is a fabulous expression of speed and subtle intuition. In the skeleton your chin is a couple of centimetres off the ice, and you're literally flying down that ice. Merely thinking about a turn is probably enough to make it happen.

Probably a thirtieth of a second is needed to take this picture. As the photographer, you're kind of bent over and running bent over and then leaping on – it is a challenging art form at its easiest."

"Plonger tête en avant dans un couloir de glace, le menton à quelques centimètres seulement de la piste, nécessite d'avoir un sang plus que froid. Ce sport représente l'expression la plus pure de la vitesse et requiert une intuition plus que subtile. Dans une épreuve de skeleton, votre menton n'est qu'à deux ou trois centimètres de la glace au-dessus de laquelle vous semblez voler à une vitesse folle. La simple pensée d'un virage suffirait à le prendre. Le sang peut être en ébullition dans vos veines, autant qu'il peut être froid. Cette photo est probablement prise en un trentième de seconde. Vous devez vous pencher en avant, courir, vous repenchez en avant et bondir. Cette activité artistique est un défi à l'état pur, à relever avec légèreté et aisance."

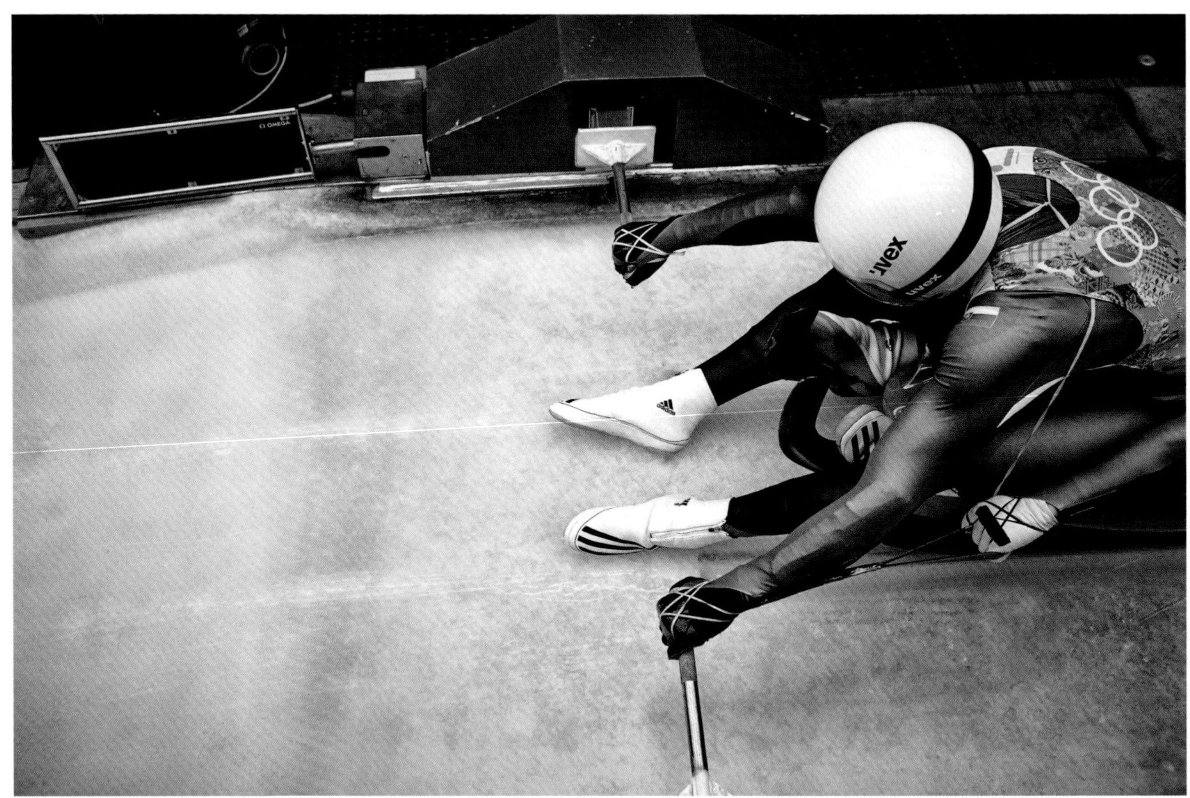

John Huet

Start of the luge team relay event
by the Slovakian team, made up of
Marian Zemanik and Jozef Petrulak.

Départ de l'épreuve de luge en
relais de l'équipe slovaque,
composée des coéquipiers
Marian Zemanik et Jozef Petrulak.

JOHN HUET

"While at the Games, I like to test myself. One of the ways I try to do this is to time the start of a race. This photo is from the luge relay race. They all start at the same spot and there's a gate that opens to let the first person go down. Then the gate closes so the next competitor sits there, and then at the bottom of the hill there's a big, round, flattish thing that kind of looks like a punch bag. After the competitors cross the finish line, they have to reach up and hit it, and that opens the gate at the top for the next person to go.

Here, I took the shot just as the gate opened to let the next racer go. In fact, I managed to take the shot even before the racer had had a chance to react and move."

"Lorsque je travaille dans le cadre des Jeux Olympiques, j'aime me tester moi-même. L'une des manières qui me permet de le faire est de chronométrer le début de la course. Cette photo a été prise lors de l'épreuve de relais de luge. Tous les concurrents partent du même point où se trouve un portail. Lorsque le portail s'ouvre, la luge démarre et s'engage dans le couloir. Ensuite, le portail se referme et les suivants attendent leur tour. Au bout de la course se trouve une grosse pièce ronde et plate, comparable à une sorte de sac de boxe. Arrivés au terme de la course, une fois la ligne d'arrivée franchie, les concurrents doivent atteindre cet élément et le frapper, ce qui déclenche l'ouverture du portail de départ pour le prochain concurrent.

Pour cette image, j'ai pris la photo à l'instant précis où le portail s'ouvrait pour laisser partir le concurrent suivant. Et j'ai pris la photo avant même que le concurrent ait eu le temps de réagir et démarrer."

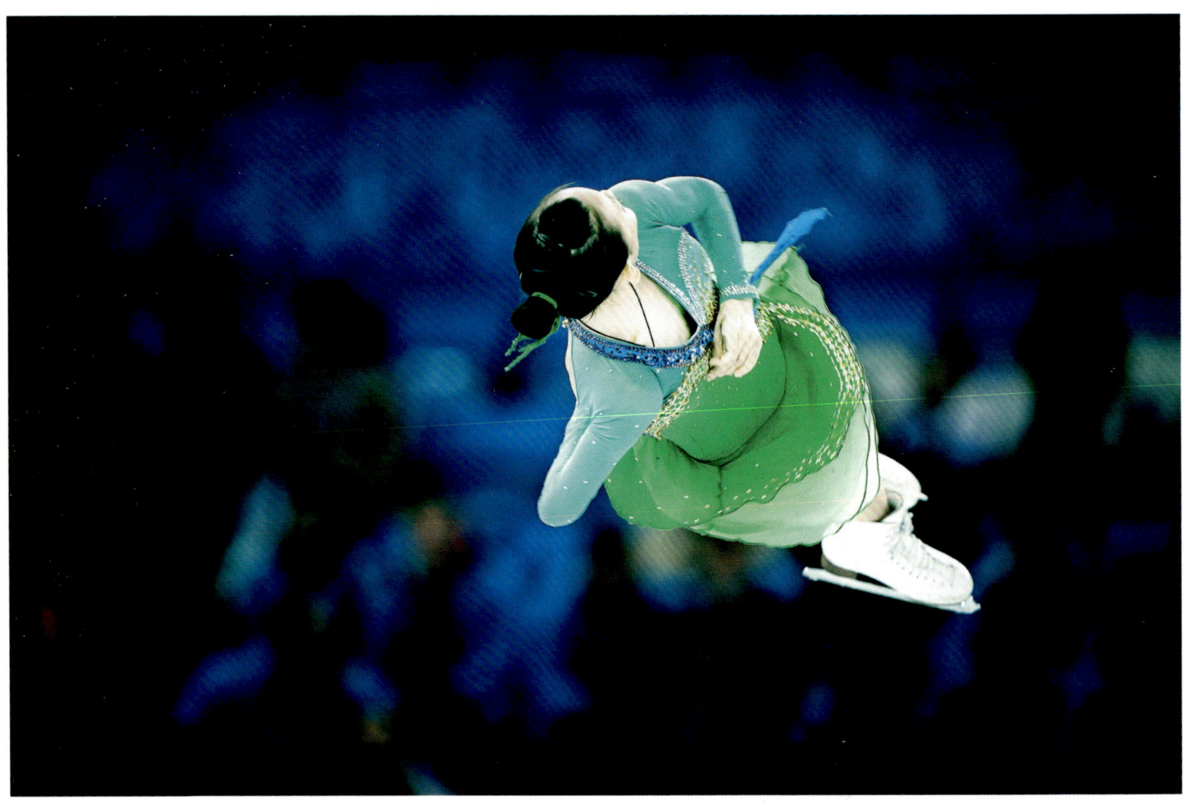

John Huet

China's Cheng Peng thrown in the air
by her partner Hao Zeng, during the
figure skating team event – a new
event at the Sochi 2014 Games.

La Chinoise Cheng Peng lancée dans
les airs par son partenaire Hao Zeng
lors de l'épreuve par équipes en
patinage artistique, nouvelle épreuve
aux Jeux de Sotchi 2014.

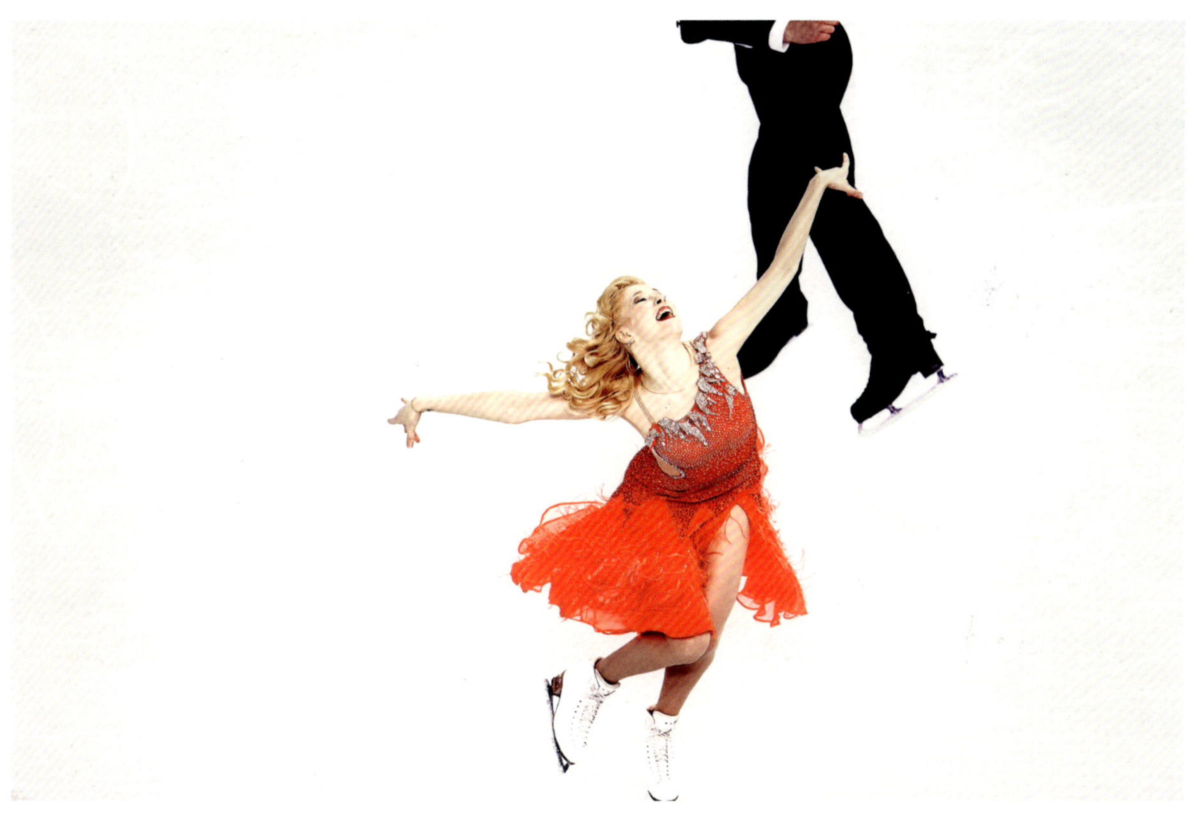

John Huet

Ukraine's Siobhan Heekin-Canedy and Dmitri Dun during the team short dance.

Les Ukrainiens Siobhan Heekin-Canedy et Dmitri Dun lors de la danse courte par équipes.

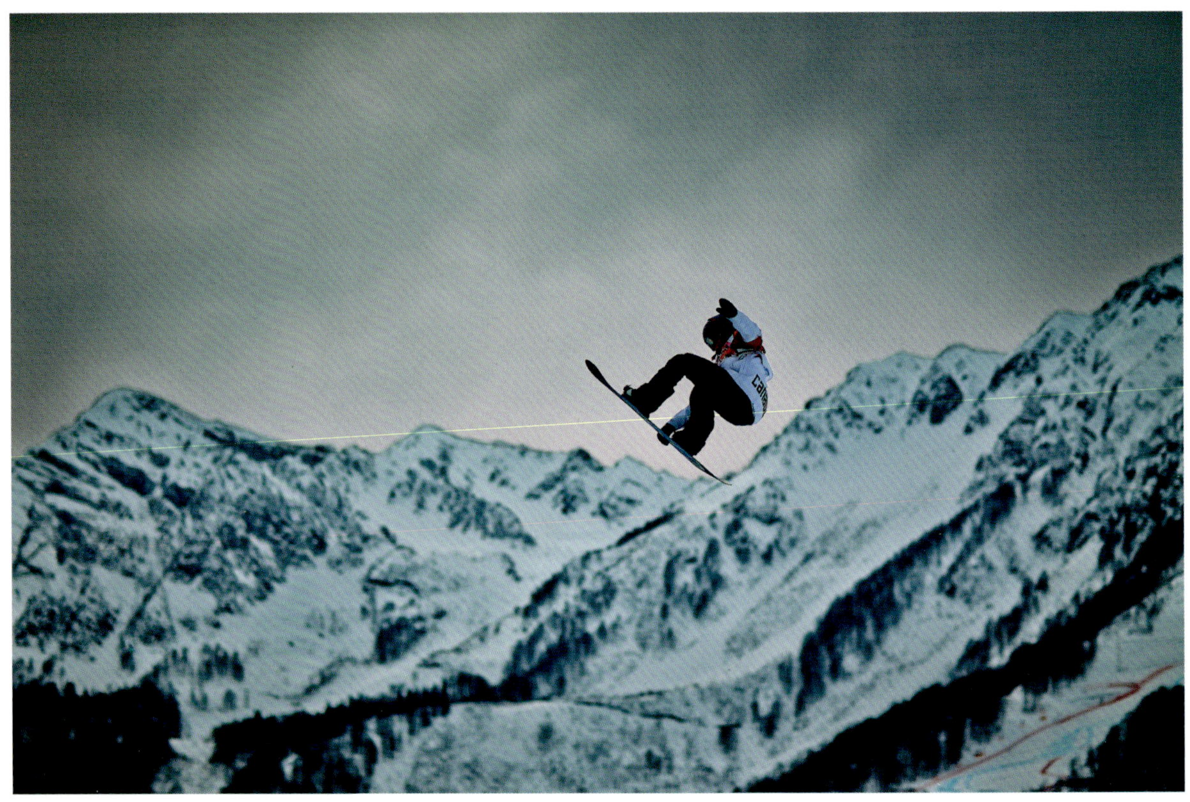

John Huet

Spencer O'Brien, a Canadian snowboarder specialising in slopestyle, a new discipline on the Games programme in Sochi.

Spencer O'Brien, snowboardeuse canadienne, spécialiste du slopestyle, nouvelle discipline au programme des Jeux de Sotchi.

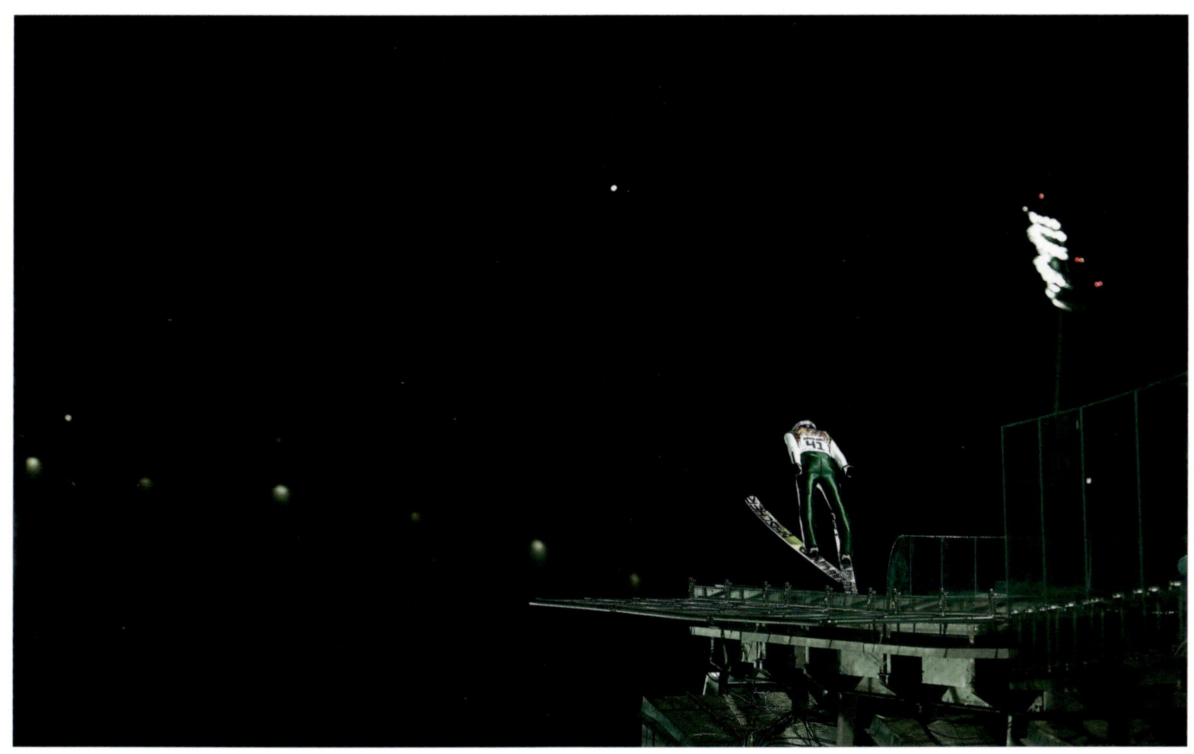

John Huet

Slovenia's Robert Kranjec during the 140m large hill men's ski jumping event at the RusSki Gorki.

Le Slovène Robert Kranjec lors de l'épreuve masculine de saut à ski sur grand tremplin d'une taille de 140m au RusSki Gorki.

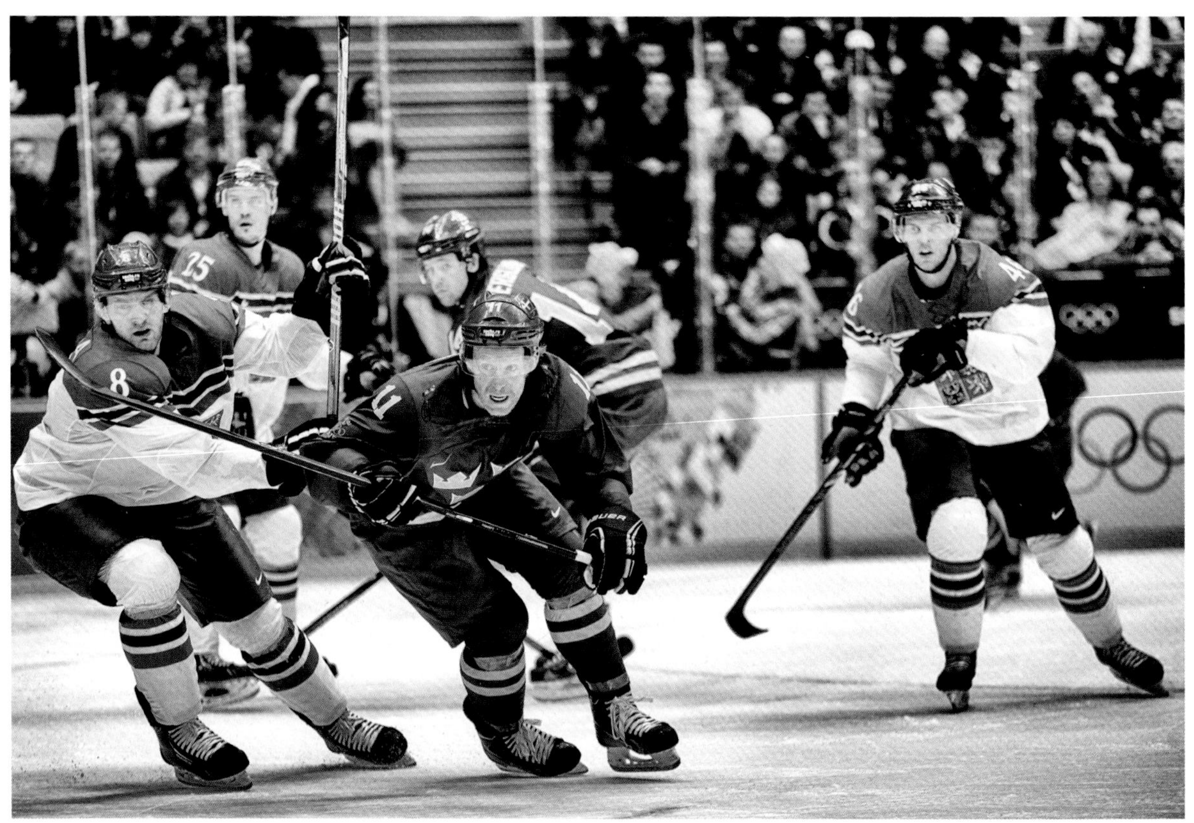

David Burnett

Sweden against the Czech Republic during the men's ice hockey tournament. The Swedish team won 4–2.

La Suède contre la République tchèque lors du tournoi olympique masculin de hockey sur glace. L'équipe suédoise s'imposera 4-2.

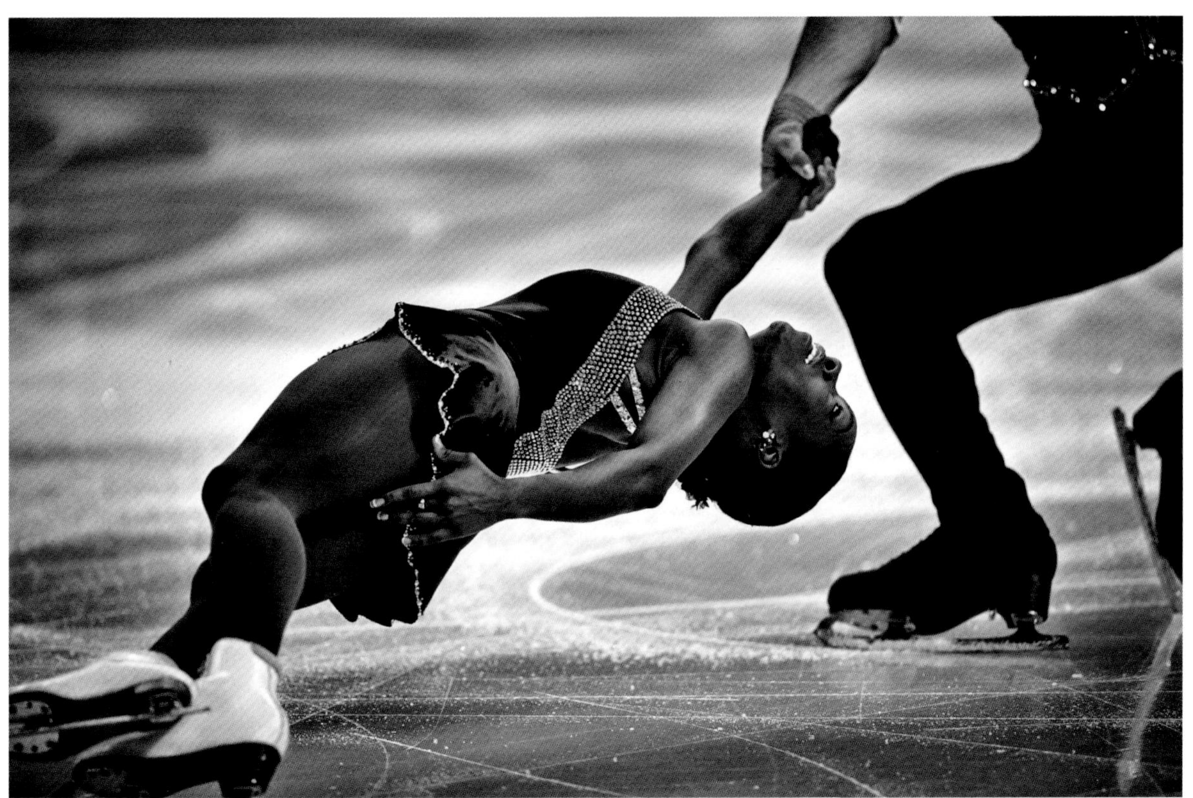

John Huet

France's Vanessa James held by her partner Morgan Ciprès during the couples' short programme.

La Française Vanessa James tenue par son partenaire Morgan Ciprès lors du programme court des couples.

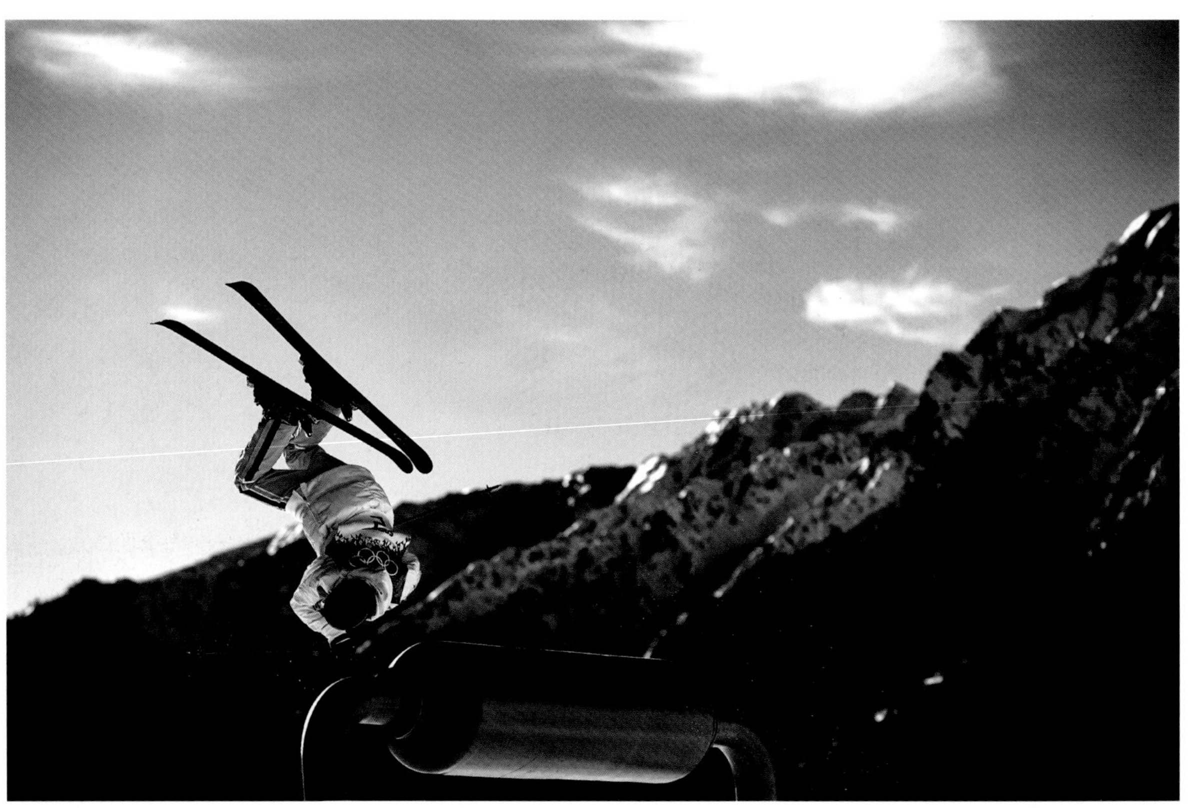

John Huet

Australia's Russ Henshaw in the
slopestyle final.

L'Australien Russ Henshaw lors de
la finale de slopestyle.

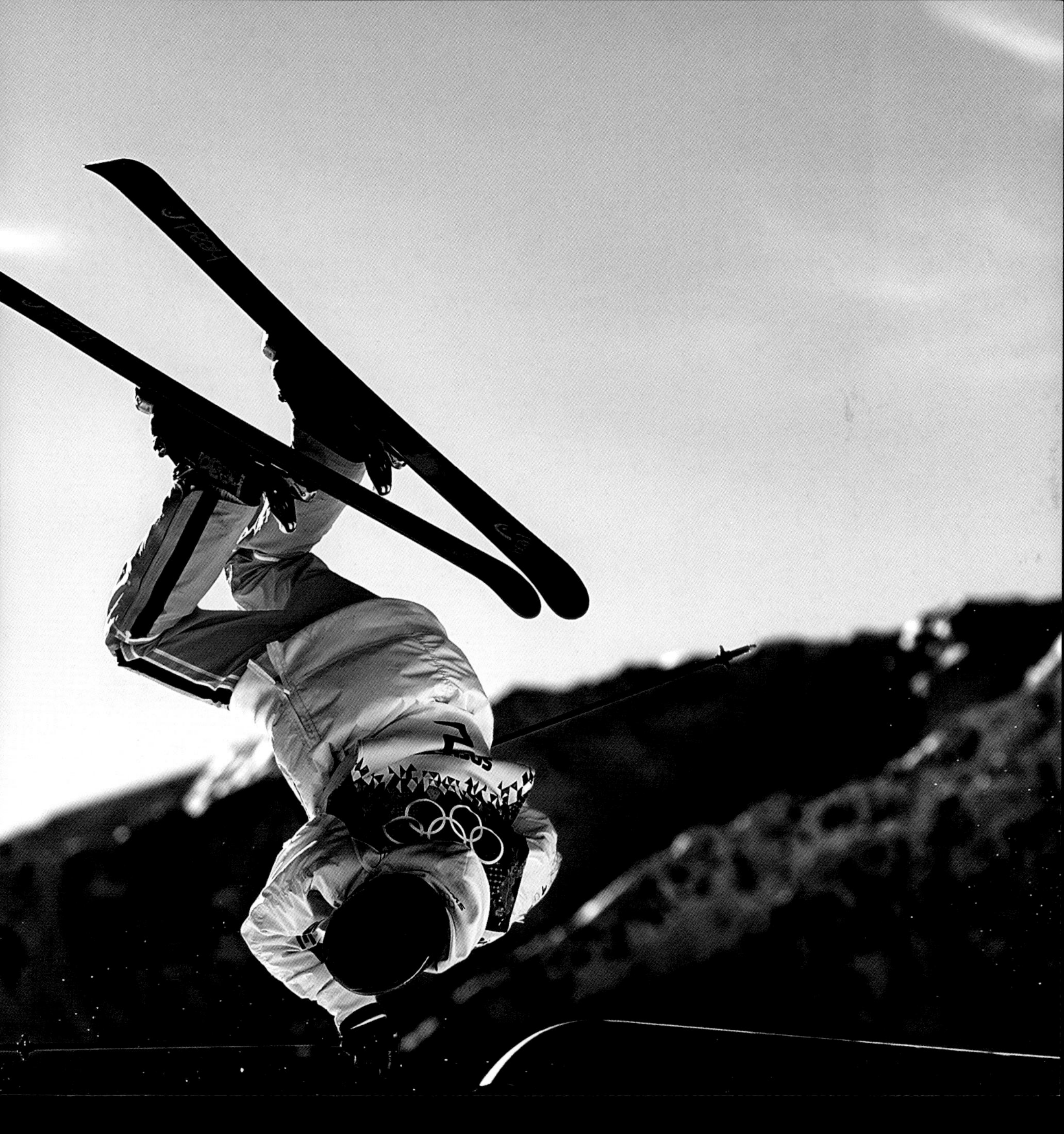

David Burnett

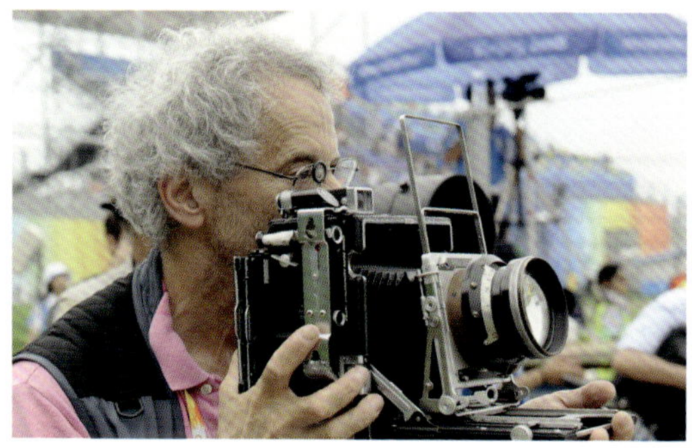

David Burnett, an American photographer born in 1946, has covered numerous conflicts for *Time* magazine. In 1976, he created a new structure with Robert Pledge, the Contact Press Images agency. Burnett made a series of reports that took him to almost 80 countries in 40 years. Throughout these years, he snapped many famous people: Pope John Paul II, Kofi Annan, Mohamed Ali, Hillary Clinton, Bill Gates, the Princess of Wales, Fidel Castro and Bob Marley.

Sport also represents a major part of his work. He has covered every edition of the Olympic Games since Los Angeles 1984, each time adopting a different style to produce real visual surprises. Although focusing on the great champions, Burnett is also drawn to the "anonymous sporting gesture", which sets him apart from other photographers. With his great technical rigour (according to Raymond Depardon),

David Burnett, photographe américain né en 1946 a couvert de nombreux conflits pour le magazine *Time*. En 1976, il crée une nouvelle structure avec Robert Pledge, l'agence Contact Press Images. Burnett enchaîne les reportages qui le font parcourir près de 80 pays en l'espace de quarante ans. Durant toutes ces années, il saisit les grands de ce monde : Jean Paul II, Kofi Annan, Mohamed Ali, Hillary Clinton, Bill Gates, Lady Di, Fidel Castro, Bob Marley.

Le sport représente également une grande part de son travail. Il couvre tous les Jeux Olympiques depuis ceux de Los Angeles 1984, adoptant à chaque fois un style différent pour aboutir à de véritables surprises visuelles. Fixant les plus grands champions, David Burnett se concentre aussi sur le « geste sportif anonyme » qui en fait un photographe à part. Doté d'une grande rigueur technique (*dixit* Raymond Depardon), David Burnett ne s'interdit pas l'usage d'outils qui paraissent aujourd'hui obsolètes : la chambre de presse 4×5" Pacemaker Speed Graphic ou son Holga 120N 6×6cm avec lentille en plastique font ainsi partie de son attirail de photographe.

"Les Jeux Olympiques représentent toujours un défi pour un photographe. À plusieurs titres, et du fait que vous êtes entouré des meilleurs photographes sportifs du monde, ils deviennent

David Burnett does not shy away from using tools that seem obsolete today: the 4 × 5" Pacemaker Speed Graphic press camera or his Holga 120N with its plastic lens and 6x6cm film mask form part of his photography kit.

"The Olympic Games are always a challenge to a photographer. In many ways, surrounded by the best sports photographers in the world, it becomes our own "Photographic Olympics," and the quest to find hidden moments amid the enormous crowd, to tell a story in a different way, to relate the excitement and energy of the athletes becomes a burning desire. One couldn't ask for more photogenic subjects. There is passion, strength, hope, and a fearless sense of self-confidence in the participants and, if we are lucky, we bring home a few of those moments. In what is, hopefully, a tribute to the great photographers of the previous eras, I combine modern digital cameras with antiquated film cameras. The former provide a high-tech immediate view of a picture, while the latter require faith, hope and confidence that a picture made it to the film. Together they form a tribute to the Games and the athletes whose efforts we enjoy, applaud and remain constantly amazed by."

vos propres « Jeux Olympiques en photographie ». La quête visant à immortaliser les moments cachés au milieu d'une foule, à raconter une histoire d'une manière différente, et à décrire l'enthousiasme et l'énergie se mue en désir ardent. On ne saurait rêver de sujets plus photogéniques. Il y a de la passion, de la force, de l'espoir et une formidable confiance en soi chez les participants et, si nous sommes chanceux, nous réussissons à capter certains de ces moments et à les ramener chez nous. Dans ce qui est, je l'espère, un hommage aux plus grands photographes du passé, j'ai associé des appareils numériques modernes aux anciens appareils argentiques. Les appareils numériques offrent en effet une vue immédiate et de haute facture d'une photo tandis que les appareils argentiques requièrent un peu de foi, d'espoir et de confiance quant au fait que la photo ressortira bien sur la pellicule. L'association de ces deux procédés rend hommage aux Jeux et aux athlètes qui continuent de nous émerveiller et dont nous apprécions et saluons les efforts. »

John Huet

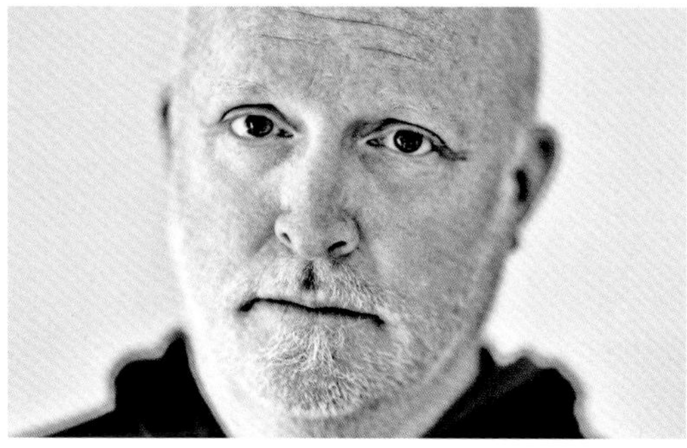

Inspired by the human form and intensity of athletic performance, American photographer John Huet began photographing competitive athletes 25 years ago. Intent on conveying the passion, pride and commitment inherent in all athletes, John has devoted his career to photographing individuals who compete at all levels of sport. Through his photography, he captures the vigour and power of competitors, while also revealing their vulnerability.

Since the 2004 Summer Olympic Games in Athens, the International Olympic Committee has selected John as the photographer best able to capture the artistry and spirit of the Games. In 2008, prior to the Games, he also created a series of images that showcase contemporary life and culture in Beijing.

In addition to his career as a photographer, John is also a successful

Inspiré par le corps humain et l'intensité de la performance sportive, le photographe américain John Huet a commencé à photographier des athlètes en compétition il y a 25 ans. Afin de transmettre la passion, la fierté et l'engagement inhérents à tous les athlètes, John a consacré sa carrière à photographier des personnes qui concourent à tous les niveaux du sport. Par ses images, il saisit la vigueur et la force de l'athlète tout en révélant la vulnérabilité de celui-ci.

Depuis les Jeux Olympiques d'été de 2004 à Athènes, le Comité International Olympique a sélectionné John comme photographe le mieux en mesure de saisir le talent artistique et l'esprit des Jeux. En 2008, avant les Jeux, John a également créé une série d'images qui montrent la vie et la culture contemporaines à Beijing.

Outre sa carrière de photographe, John est aussi un directeur commercial couronné de succès, avec à son actif des spots télévisés et une campagne homogène diffusée sur de multiples plateformes médias.

"Aux Jeux Olympiques, j'ai l'honneur de pouvoir photographier les meilleurs athlètes du monde, qui concourent à ce qui est probablement le pinacle de leur carrière sportive. La passion, le dévouement et l'optimisme de ces athlètes

advertising director, shooting broadcast commercials and delivering a seamless campaign that crosses multiple media platforms.

"At the Olympic Games, I am honoured by the opportunity to photograph the top tier of athletes from around the world, competing at what may be the peak of their sporting career. The sense of passion, dedication and hopefulness amongst these athletes is palpable, and it inspires me to want to make the finest images possible.

My objective at the Olympics is to document the entire experience of the Games, not just the epic moments. This means being there for those instants of celebrated victory and devastating defeat, while also capturing the many hidden moments that are found in between. It means being in perpetual motion during one event, then moving quickly to the next and repeating this all day, each and every day, throughout the Olympics.

For the photographers involved, we have our own very rigorous version of the Games to complete, and it is the experience of a lifetime. Each time I raise my camera at the Olympics, I feel a sense of responsibility to the athletes to capture the essence of their experience so that it might be shared with others who, like myself, are deeply inspired by what it takes to be an Olympic athlete."

sont palpables, et c'est ce qui m'inspire à faire les meilleures photos possibles.

Mon objectif aux Jeux Olympiques est de montrer toute l'expérience des Jeux, pas seulement les moments épiques. Cela signifie être là pour ces instants de victoire savourée ou de défaite dévastatrice, tout en saisissant également les nombreux moments cachés. Cela signifie aussi être en perpétuel mouvement durant un événement, puis passer rapidement au suivant et ainsi de suite tout au long de la journée, jour après jour, pendant toute la durée des Jeux.

Nous les photographes avons notre propre version très rigoureuse des Jeux à montrer, et c'est là une expérience unique. Chaque fois que je prends une photo aux Jeux Olympiques, je me sens responsable vis-à-vis des athlètes pour saisir l'essence même de leur expérience afin que celle-ci puisse être partagée avec d'autres personnes qui, comme moi, sont profondément inspirées par les qualités requises pour être un athlète olympique."

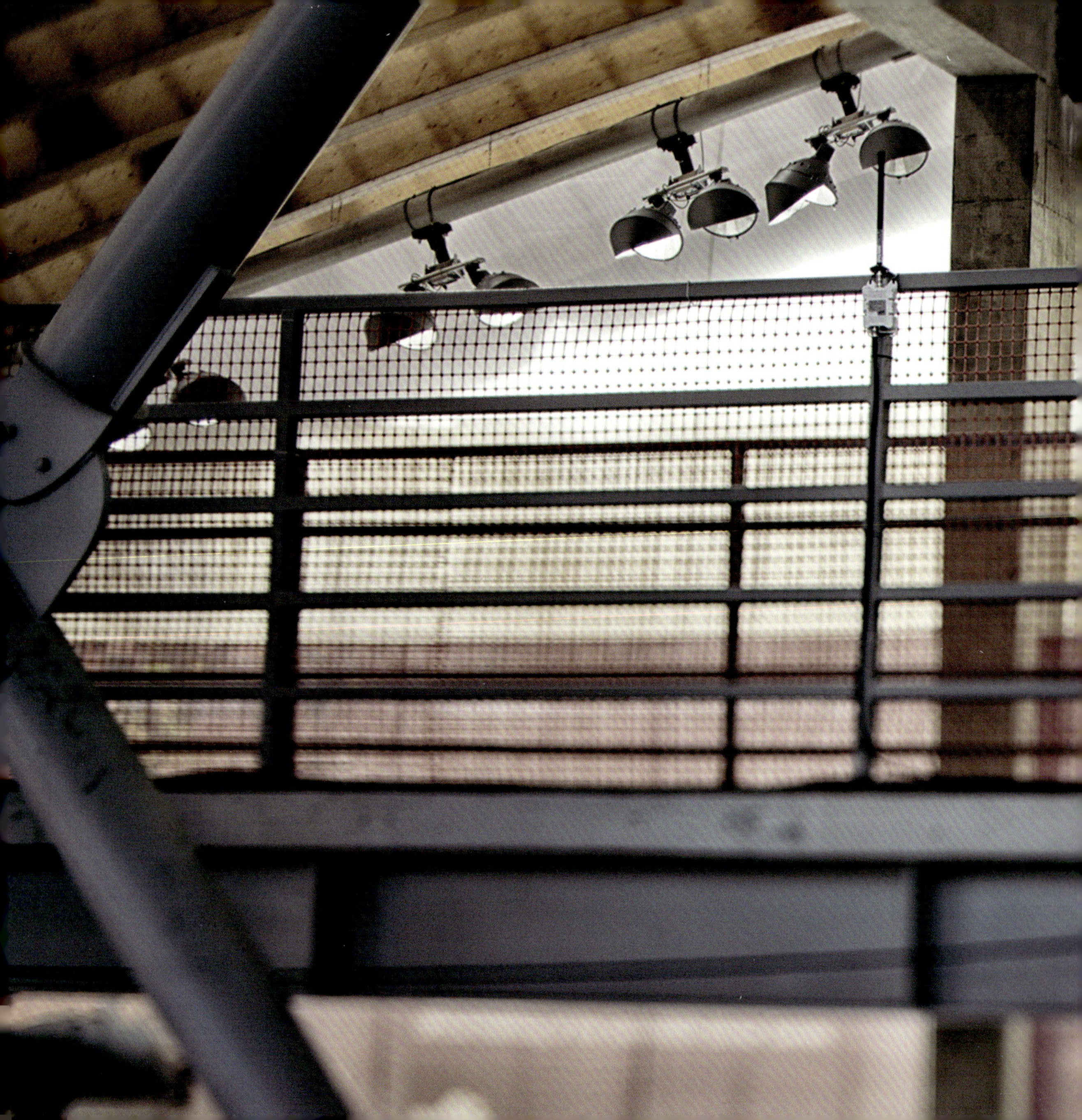

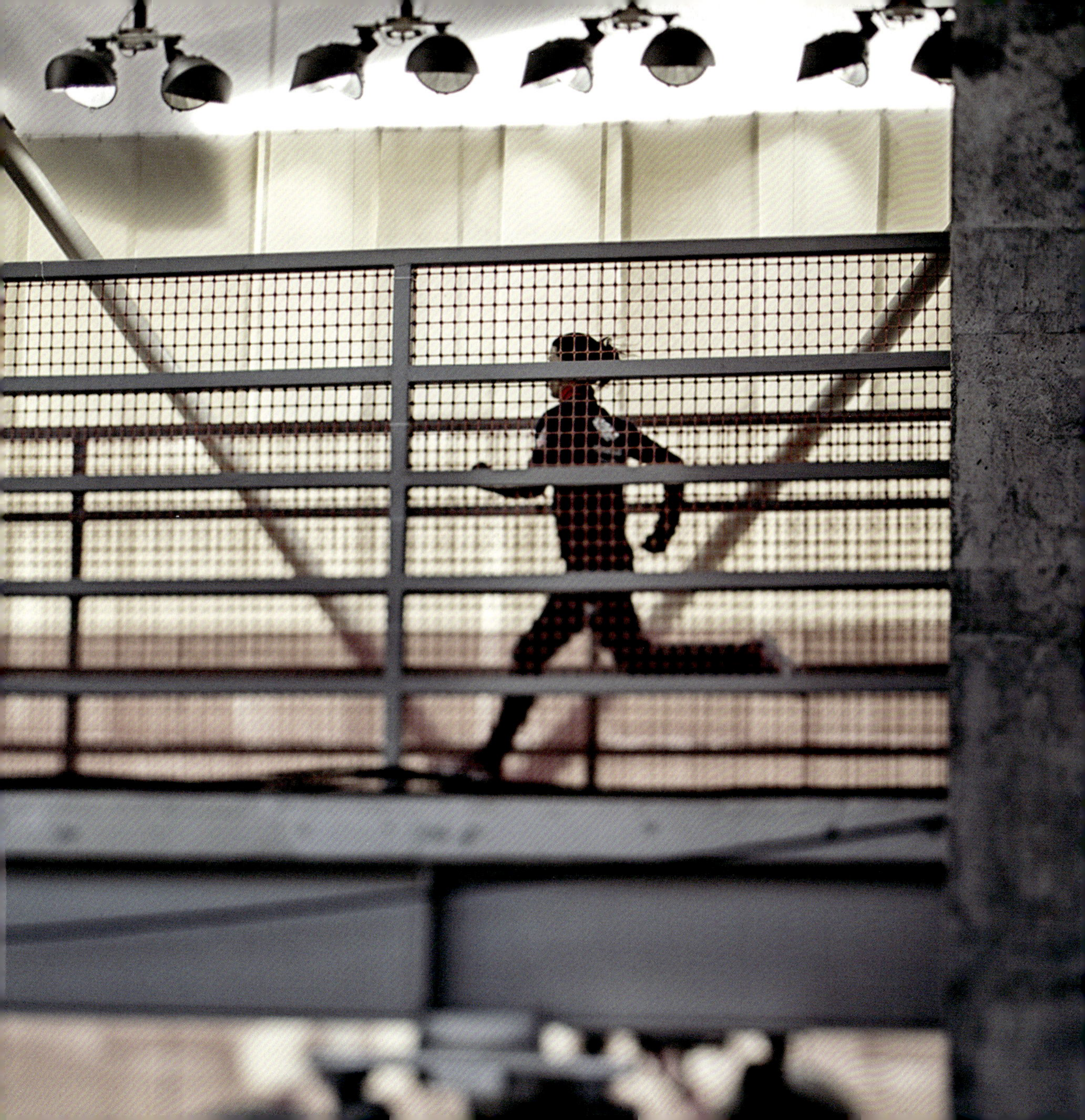

Photo credits

© IOC / John Huet: cover; pp. 6, 10, 14, 22, 24, 25, 26, 27, 28, 29, 30, 35, 36, 40, 42, 44, 47, 48, 56, 58, 59, 60, 61, 63, 64, 65.

© David Burnett: pp. 2-3, 12, 16, 18, 20, 31, 32, 33, 34, 38, 45, 46, 50, 52, 54, 62, 70-71, back cover.

Crédits des photos

© IOC / John Huet : couverture ; pp. 6, 10, 14, 22, 24, 25, 26, 27, 28, 29, 30, 35, 36, 40, 42, 44, 47, 48, 56, 58, 59, 60, 61, 63, 64, 65.

© David Burnett : pp. 2-3, 12, 16, 18, 20, 31, 32, 33, 34, 38, 45, 46, 50, 52, 54, 62, 70-71, quatrième de couverture.